AF462475

MERCVRE ARMORIAL.

Par C. Segoing.

A PARIS
Chez Alexandre Lesselin rue de la vieille Boucherie
pres le Pont St. Michel. 1648. Auec Priuilege.

MERCVRE ARMORIAL,

ENSEIGNANT LES PRINCIPES
& Elemens du BLAZON des Armoiries,
selon l'ordre & les termes qui se
pratiquent en cette Science.

*ENRICHY D'VN BON NOMBRE
de figures enluminées de Couleurs propres
pour l'intelligence du Liure.*

Oeuure curieux & necessaire pour introduire
la Noblesse dans la connoissance des Armes.

Par C. SEGOING *Orleanois, Aduocat
en Parlement.*

A PARIS,
Chez ALEXANDRE LESSELIN, ruë de la vieille
Bouclerie prés le pont S. Michel à la ville d'Amiens.

M. DC. XLVIIII.

AVEC PRIVILEGE DV ROY.

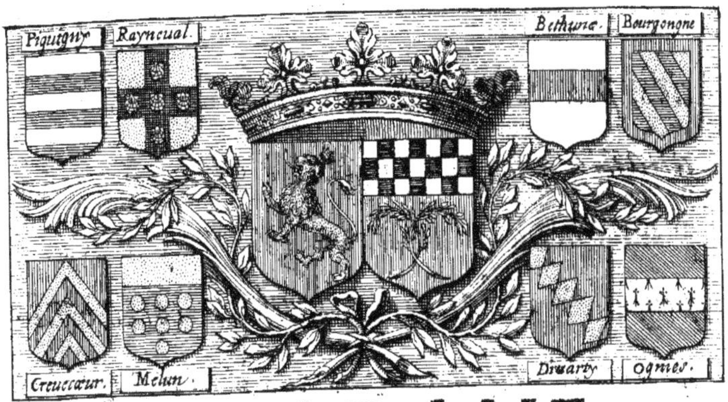

A MADAME LA DVCHESSE DE CHAVNES.

ADAME,

Il faut aduoüer que ce vous est vne grande satisfaction de ce que vostre Naissance vous a mise au rang des plus illuſtres de France : mais cét auantage, tout éclatant qu'il eſt, n'eſt pas comparable à la gloire que vous poſſedez, d'auoir adjouſté à cette eminente qualité toutes les Vertus & les perfections recommandables à vn ſexe dont vous eſtes aujourd'huy l'ornement. Si le Sang, dont vous ſortez, vous fait aller du pair auec les perſonnes les plus releuées, voſtre Vertu vous en oſte & vous donne vne prerogatiue qui vous met hors de comparaiſon. Pour dire vray, ces deux choſes ſont ſi agreablement confonduës & reünies en vous, MADAME, que l'on peut dire, que pour faire le portrait acomply de la veritable Nobleſſe, on ne peut pas choiſir vn plus parfait modelle que vostre personne. La connoissance que j'ay de cette verité a esté le premier fondement de mon projet, & i'ay crû que ces Principes & Elemens du Blazon des Armes, qui sont les marques & les caracteres de la Noblesse, deuoient estre consacrez à VOSTRE GRANDEVR, en laquelle on void reluire auec tant d'éclat les deux qualitez essentielles, qui luy donnent l'estre. La Benignité, qui en est la compagne inseparable & qui vous est si naturelle, a secondé ce dessein, sous l'esperance que j'ay conceuë que vous me pardonneriez, & que vous fermeriez les yeux au peu de valeur de ce present, pour les ouurir seulement sur la sincerité de mon intention, qui n'a esté qu'vne iuste & loüable ambition d'estre du nombre de ceux qui ont donné quelque tesmoignage de reconnoissance à vostre merite, & de rendre public le vœu que ie fais d'estre eternellement auec toutes sortes de respects,

MADAME,

Vostre tres-humble & tres-obeïssant seruiteur
SEGOING.

SVR LE MERCVRE ARMORIAL,

DEDIE' A MADAME LA DVCHESSE DE CHAVNES.

SONNET.

ADmirez auec moy ce Dieu de l'eloquence
Qui pour vous contenter abandonne les Cieux;
Il veut plaire à l'esprit, außi bien comme aux yeux
Par ces nobles BLAZONS *qu'il apporte à la France.*

La peinture s'y mesle auecque la science,
Rien n'y manque aux desirs que forme vn curieux:
Et prenant de SEGOING *cét ordre ingenieux*
Il fait éclatter l'art & la magnificence.

Mais vn autre Miracle attire icy vos sens
Digne de vos Autels, digne de vos encens
Et que toute la Cour auec plaisir obserue;

MERCVRE, auec raison vient icy l'honorer,
Remarquant en l'Esprit de cette autre MINERVE
Tout ce qu'en l'ancienne on souloit adorer.

DV PELLETIER.

ADVIS NECESSAIRE AV LECTEVR.

LE dessein de l'Autheur a esté seulement d'expliquer & desduire les propres termes du Blazon & de prescrire l'ordre dont on se doit seruir à blazonner & deschiffrer toutes sortes d'Armoiries, & non pas de faire vn recueil de toutes les Armes ainsi que quelques vns pourroient s'imaginer; Et comme cette explication ne se rend pas intelligible sans la demonstration par figure, l'Autheur a fait peindre les Armes qu'il a trouuées venir a son sujet pour seruir d'Exemple & faciliter l'intelligence des termes qu'il énonce dans le cours de ce Traicté: ayant jugé qu'il estoit plus à propos de se seruir des Armes de quelques personnnes dont le nom fust connu que d'en forger exprés, comme ont fait tous les Autheurs qui ont traitté des principes & comportemés des Armes.

Par cette raison, vous ne deuez point trouuer à redire de ne pas voir icy les Armes de quantité de Maisons signalées, & d'y trouuer celles de quelques Personnes dont l'extraction n'est pas si releuée, l'Autheur ayant plustost enuisagé ce qui estoit vtile & necessaire pour l'eclaircissement des termes du Blazon, que la qualité des personnes.

Ainsi pour vne plus parfaite intelligence, ayant consideré que la principale & la plus remarquable partie de cette Science consiste en la diuersité des Metaux & Couleurs dont les Armes sont peintes (quoy que l'inuention de les connoistre par les hacheures de la taille douce soit en vsage) il a jugé necessaire pour la facilité & la curiosité de ceux qui cherchent à s'acquerir cette connoissance, d'adjouster le coloris aux figures qui seruent d'exemple & de demonstration.

Pour abreger le temps qu'vne grande quantité d'exemplaires à enluminer requeroit, on a fait seruir le Iaûne pour l'Or & laissé le Blanc aux endroits où l'Argent deuoit estre mis, ce qu'il plaira au Lecteur de suppléer. Au reste, ie puis dire que ce Liure (dont l'Impression en a esté precipitamment commencée & poursuiuie dans vn temps & dans vne ville laquelle ne joüissoit pas de toute la tranquilité qu'on eust pû desirer) a beaucoup perdu de l'ornement que son Autheur luy eust donné, le changement d'affaires luy ayant soustrait le temps qu'il destinoit à le polir & à l'amplifier. De sorte, qu'il peut dire ce que disoit le Poëte du sien.

Infœlix cultum temporis huius habet.

Si vous auez assez de bonté pour excuser ce manquement, vous n'en aurez pas moins pour suppléer aux fautes de l'Impression que j'ay nottées à la fin de cét aduertissement. Adieu.

Manquemens d'Impression & d'Enlumineure à corriger.

PAge 13. Ce tiltre, *Quelques remarques sur les Couleurs & Metaux* est transposé, & doit estre mis à la place de celuy de la 14, & celuy de la 14 en la place de celuy de la page 13.

P. 15 *Consus* ou *Consiiés* lisez *Consus* ou *Consues*.

P. 40 à costé de l'Ecusson AVGENNES lisez ANGENNES.

P. 54, au bas des Armes de Cossé Brissac faut lire *de Sable à trois Faces Danchées* ou *Dentelées d'Or*.

P. 62 figure derniere, l'Enlumineur a manqué, & ce qui est de Gueules doit estre d'Argent, & l'Argent doit estre de Gueules.

P. 74, ligne 1. *Promettée*, lisez *Pommetée*.

P. 69, l. 1, *en ce qu'elles se peuuent mettre* lisez *en ce qu'il s'est peut mettre*.

P. 127. ligne derniere adjoustez *d'Argent*.

PRIVILEGE DV ROY.

LOVYS PAR LA GRACE DE DIEV ROY DE FRANCE ET DE NAVARRE. A nos amez & feaux Conseillers les Gens tenans nos Cours de Parlement, Maistres des Requestes ordinaires de nostre Hostel, Baillifs, Seneschaux leurs Lieutenans, & à tous autres nos Iusticiers & Officiers qu'il appartiendra, Salut: Nostre cher & bien amé CHARLES SEGOING, Aduocat en nostre Cour de Parlement de Paris, Nous a fait remonstrer qu'il a composé vn Liure intitulé, *MERCVRE ARMORIAL*: Lequel desireroit faire Imprimer s'il auoit sur ce nos Lettres; humblement requerant icelles. A CES CAVSES, desirans traitter fauorablement ledit Exposant: NOVS luy auons par ces presentes, permis & permettons de faire Imprimer ledit Liure en telle marge & caractere, & par tel Imprimeur qu'il voudra, & iceluy vendre & distribuer par tous les lieux & terres de nostre obeïssance, pendant le temps de cinq ans, à compter du iour que ledit Liure sera acheué d'Imprimer pour la premiere fois; Et afin que l'Exposant ne soit frustré de son trauail & des frais qu'il a faits & fera pour l'Impression dudit Liure: DEFFENDONS tres-expressement à tous Imprimeurs, Libraires & autres personnes de quelle qualité & condition qu'elles soient, d'Imprimer ou faire Imprimer, vendre & distribuer ledit Liure ou partie d'iceluy dans l'estenduë des lieux & terres de nostre obeïssance, sous quel pretexte que ce soit, ny contrefaire les planches d'iceluy, sans le consentement dudit SEGOING, ou de ceux qui auront droit de luy, à peine de confiscation des Exemplaires & planches contrefaites, & de mil liures d'amende, applicable le tiers à Nous, le tiers à l'Hostel-Dieu de Paris, & l'autre tiers à l'Exposant, à condition qu'il sera mis deux Exemplaires dudit Liure en nostre Biblioteque, & vn dans celle de nostre tres-cher & Feal le sieur Seguier Cheualier Chancelier de France, à peine de nullité des presentes, du contenu desquelles Nous vous mandons que vous faciez jouïr ledit Exposant, ou ceux qui auront droit de luy, sans permettre qu'il luy soit fait aucun trouble, ny empeschement : MANDONS au premier nostre Huissier ou Sergent sur ce requis, de faire pour l'execution des presentes, tous Actes & Exploicts necessaires, sans demander autres permission, nonobstant Clameur de Haro Chartre Normande, prise à partie, & lettres à ce contraires : VOULONS en outre qu'en mettant au commencement ou à la fin dudit Liure la copie des Presentes ou Extrait d'icelles, elles soient tenuës pour bien & deuëment signifiées, & qu'aux Copies d'icelles collationnées par l'vn de nos amez & feaux Conseiller & Secretaires, foy soit adjoustée, comme au present Original : CAR TEL EST NOSTRE PLAISIR. Donné à Paris le premier iour de May l'an de grace mil six cens quarante-huict : Et de nostre Reigne le cinquiesme.

Par le Roy en son Conseil,

COUPEAU.

Les Exemplaires ont esté fournis.

Acheué d'imprimer le 29 Decembre 1648.

MERCVRE ARMORIAL.

PREMIERE PARTIE.

Où il eſt traité des Couleurs, Metaux & Fourrures des Armoiries, & de la diuiſion de l'Eſcu.

Ce que c'eſt qu'Armoirie & Blaſon.

VN des plus grands aduantages que Dieu ait donnez à l'homme dans le temps de ſa creation, eſt de luy auoir remis auec la raiſon pour guide de ſes actions, la liberté de les faire bonnes ou mauuaiſes, ſans l'auoir aſtraint à cette neceſſité d'agir par inſtinct à laquelle ſe voyent reduites toutes les autres creatures.

Ce choix & cette libre election ont fait les actions des hommes conſiderables & meritoires, & mis par meſme moyen de la difference entre leurs conditions, en acquerant vne preéminence aux grandes Ames qui forçant l'inclination naturelle & animale qui nous retient dans le repos & l'oyſiueté, ont fait des actions de gloire & de Vertu, qui eſt la veritable origine & ſeule cauſe efficiente de la Nobleſſe.

Ce qui eſt vne verité palpable, puiſque la prenant dans ſon commencement, il ſeroit abſurde de dire qu'elle vient de naiſſance tous les hommes eſtans ſortis d'vn meſme pere, & d'ailleurs ne ſe trouuant que deux ſortes de Nobleſſe, ſçauoir, de naiſſance & de vertu, il faut neceſſairement conclure que la derniere en eſt la mere legitime.

Les premiers Roys, Chefs, Capitaines, Iuges & autres qui ont eu commandement, ont acquis ces dignitez par leur Vertu qui a forcé les Peuples à reconnoiſtre qu'ayant vne ame & vn courage au deſſus du commun, ils meritoyent auſſi que leur condition fuſt plus eſleuée: & cét ordre s'eſt practiqué dans la rudeſſe du ſiecle, & meſme parmy les Sauuages & moins policez.

Ainſi dans la ſuite du temps ceux qui ſe ſont ſignalez par quelque haute & genereuſe action, qui ont rendu de longs & importans ſeruices à leur Prince & à leur Patrie, & meſme ceux qui ſont paruenus à la perfection de quelque ſcience, art, ou exercice, ont eſté honorez du tiltre de Nobleſſe, comme de la plus riche recompenſe dont vn Prince ou autre perſonne ſouueraine peuſt gratifier ſes ſujets, & dautant plus eſtimable, qu'elle n'eſt pas ſeulement attachée à la perſonne qui la reçoit, mais eſt auſſi tranſmiſe & perpetuée à ſes deſcendans & poſterité infiniment, ſi ce n'eſt que quelqu'vn d'icelle, Chef de la Maiſon ne deſroge à cette qualité par quelque laſche ou vile action.

Ces Nobles ſont ceux que nous appellons Gentils-hommes, de qui les anceſtres dans le temps qu'ils eſtoient honorez de ce glorieux tiltre, receuoient des Roys des Armes propres & particulieres à leur Maiſon, & ces Armes eſtoient (comme elles ſont encore) la marque & le charactere de leur Nobleſſe.

Ces Armes (qui pour la diſtinction de celles qui ſe portent pour l'offenſiue & deffenſiue) ſont appellées *ARMOIRIES*, ont vn certain ordre, certaines differences & certains termes propres & particuliers, qui ſont

aſſez

assez remarquables, soit dans leur construction, soit dans l'énonciation de ce qu'elles contiennent. Et cette raison de les deschiffrer en détail, est ce que l'on nomme *Blason*, & ce que i'ay dessein de monstrer le plus exactement qu'il me sera possible dans la suite de ce liure.

DES COVLEVRS, METAVX & Fourrures des Armoiries.

Pour paruenir à la connoissance du Blason des Armoiries, il faut sçauoir qu'il y a deux principes ou fondemens de cette science.

Le premier desquels, est de connoistre les Couleurs, Metaux & Fourrures qui entrent, ou peuuent entrer en la construction des *Armoiries*.

Le second, est de sçauoir les partitions ou diuisions de l'Escu, qui est le lieu où l'on pose les *Armoiries*.

De cette diuision, il en sera parlé cy-apres.

Toutes *Armoiries* sont diuersifiées par deux Metaux, cinq Couleurs & deux Fourrures.

Les Metaux sont *Or* & *Argent*.

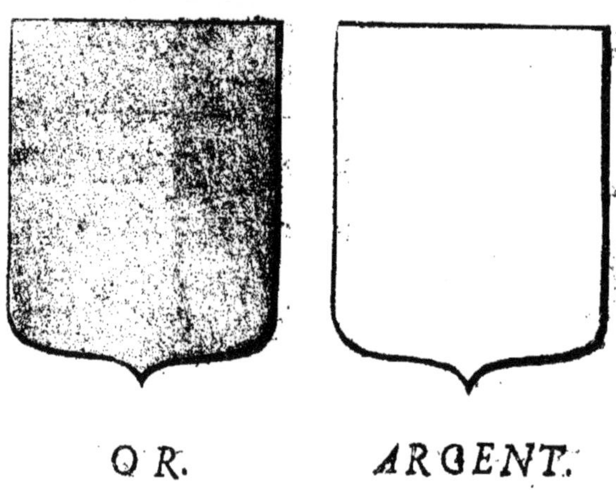

OR. *ARGENT.*

Les Couleurs sont cinq, sçauoir.

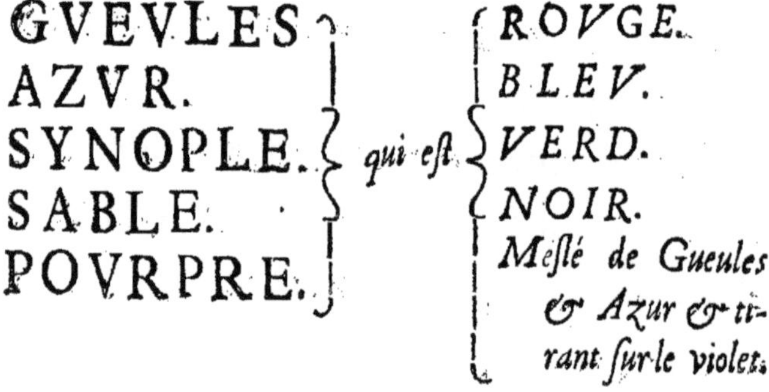

GVEVLES.	qui est	*ROVGE.*
AZVR.		*BLEV.*
SYNOPLE.		*VERD.*
SABLE.		*NOIR.*
POVRPRE.		*Meslé de Gueules & Azur & tirant sur le violet.*

GVEVLES.

AZVR.

SYNOPLE.

SABLE. POVRPRE.

Il y a deux ſortes d'Email, qui ne ſont proprement Metal ny proprement Couleur, & ſe nomment Fourrures qui ſont, *Hermine* & *Vair.*

L'Hermine eſt touſiours de bl nc ſemé de petites pieces de ſable, ainſi qu'il ſe voyent aux Armes de Bretagne cy-deſſous, & en les blaſonnant, ou toutes les autres ſemblables on doit dire ſimplement d'Hermines

Porte d'Hermines.

Il faut

Il faut remarquer, que c'est mal blasonner l'Hermine que de dire *d'Argent semé d'Hermines de Sable*, mais bien de blanc *semé d'Hermines de Sable* estant choquer le sens que mettre l'Argent, qui est vn Metal dans la composition d'vne Fourrure.

Vair, est vne autre Fourrure qui est tousiours de blanc & d'Azur: pour sa figure elle ne se peut mieux comprendre que par la demonstration d'icelle cy-dessous.

De Vair.

Quelques differences à remarquer touchant les Fourrures.

Lors qu'il ſe void vn Eſcu où les Hermines ne ſont pas ſemées ny diſpoſées comme aux Armes de Bretagne cy-deſſus, ou qu'elles ſont d'vn autre Eſmail (ce mot veut dire Metal ou Couleur, ou les deux enſemble) lors elles ſe blaſonnent comme vne autre ſorte d'Armoirie & l'Hermine eſt cenſée comme vne piece d'icelle, comme on pourroit dire vne eſtoile ou vne fleur de lys. Exemple.

De Gueules à trois Hermines d'Argent.

Lors que le *Vair*, (qu'on appelle aussi *Pots Vairez*) est veu d'autre Esmail que celle cy-dessus, qui est Blanc & Azur, on ne dit plus de *Vair* simplement, mais bien *Vairé* de telle Couleur ou Metal. L'Exemple se void aux Armes de Baufremont d'où la Maison de Seneçay qui porte ainsi.

Baufremont Seneçay.

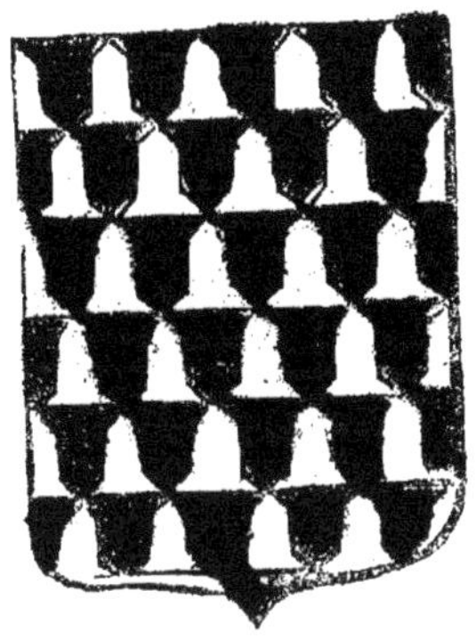

Vairé d'Or & de Gueules.

Il se trouue quelquefois des Ecussons ausquels les *Vairs* sont autrement disposez quand à la Couleur, qui est ordinairement opposée au Metal, ou au contraire: mais lors que la Couleur est opposée à la Couleur & le Metal au

Metal, en ce cas l'on dit *Vairé & contre-vairé*, ſimplement (ſi c'eſt de Blanc & d'Azur) ſinon on adjouſte, de tel autre Eſmail, voyez l'exemple aux Armes cy-deſſous.

Vairé & contre-Vairé.

Lors qu'il n'y a que deux ou trois traits, de *Vair*, on l'appelle *Beffroy de Vair*, mais cela ſe void rarement.

Quelques

Quelques remarques ſur les Couleurs & Metaux.

Il y a des perſonnes aſſez curieuſes pour vouloir ſçauoir ce qui eſt ſignifié par les Metaux & Couleurs qui ſe voyent aux Armoiries, pour contenter leur curioſité, i'en mettray icy quelque choſe.

METAVX.

L'OR, *ſignifie*, Foy, Force, Richeſſe & Conſtance.

ARGENT, Eſperance, Pureté, Innocence & Humilité.

COVLEVRS.

GVEVLES, Charité, Vaillance, Hardieſſe & Generoſité.

AZVR, Iuſtice, Loyauté, Beauté & bonne Reputation.

SYNOPLE, Amour, Ieunesse, Beauté & Ioüissance.

SABLE, Prudence, Constance, aux aduersitez, Douleur & Tritesse.

POVRPRE, Temperance, Abondance, Liberalité, Dignité & Authorité.

Le Blason ou signification des Metaux, & Couleurs.

On obserue dans la construction des Armoiries de poser tousiours Metal sur Couleur ou Couleur sur Metal : estant vne maxime dans le Blason de n'en vser jamais autrement. Que s'il se trouuoit le contraire dans quelques Armes, on les nommeroit *faulses*, du moins *à enquerir à enquerre*, ou comme sont celles de Godefroy de Boüillon, qui portoit *d'Argent à la Croix potencée d'or cantonnée de quatre croisettes de mesme*, & ce mot d'Armes *à enquerir* ou, *à enquerre* a eu lieu, parce que voyant telles Armes ainſi contre l'ordre & vſage du Blaſon, on s'enquiert de la raiſon de ces Armes ainſi extraordinaires, & par ce moyen on apprend ce merueilleux exploit de guerre par luy fait, lors qu'il conquit la terre Sainĉte & ſe fit couronner Roy de Ieruſalem, & comme cét acte de Vaillance eſtoit comme prodigieux & extraordinaire, auſſi trouua-il à propos de prendre des Armes qui fuſſent pareillement contre l'ordinaire, afin de donner lieu de s'en enquerir & de rendre par ce moyen cette action memorable à la poſterité.

Il ſe void auſſi quelquefois des Chefs ou Faces (qui ſont des pieces dont il ſera parlé cy-apres) qui ſeront de Couleur ſur vn champ pareillement de Couleur, comme il ſe void preſque dans toutes les Armes des villes de France, & en ce cas, ces Chefs ou Faces ſont dits *Conſus* ou *Conſuës* comme il ſera dit cy-apres.

Voila ſommairement ce qui ſe peut dire des Metaux & Couleurs des Armoiries, qui eſt le principe le plus important de cette ſcience.

DE LA FIGVRE ET DIVISION De l'Eſcu.

L'Eſcu eſt le lieu où l'on poſe les pieces & meubles des Armoiries; on les fait de la grandeur qu'on veut: pour ſa Figure elle eſt ordinairement quarrée, & au lieu du pan d'embas elle doit finir en pointe demy-ronde en cette ſorte.

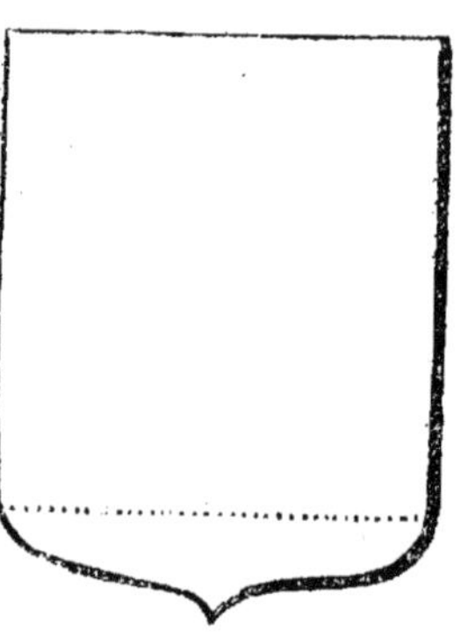

Les

Les Femmes portoient autrefois les Armes de leurs maris partyes de celles de leur pere & autres alliances, dans vn Escu fait en Lozange, mais à present elles prennent l'Escu carré dont la figure est cy-deuant, comme font aussi les Abbesses & Prieures, & l'Escu en Lozange n'est plus en vsage que pour les Armes des Filles. Sa figure est assez connuë.

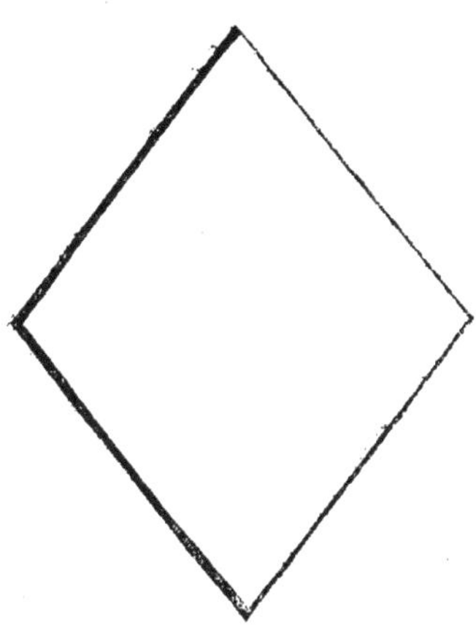

Escu en Lozange.

Tous les Eſcus de quelque figure qu'ils ſoient ſont *plains* ou *diuiſez*.

Les Eſcus plains ſont ceux qui ne ſont diuiſez d'aucun trait ou ligne qui change ou diuerſifie le champ ou fond de l'Eſcu, ou pour mieux dire. Les Eſcus plains, ſont ceux dont le champ eſt d'vn ſeul & meſme Eſmail.

Il ſe trouue des Maiſons qui portent ainſi des Armes de plain champ, comme ſont celles de Bourdeaux Puy-Paulin, qui eſt vne des alliances de Monſieur le Duc d'Eſpernon, qui porte ainſi.

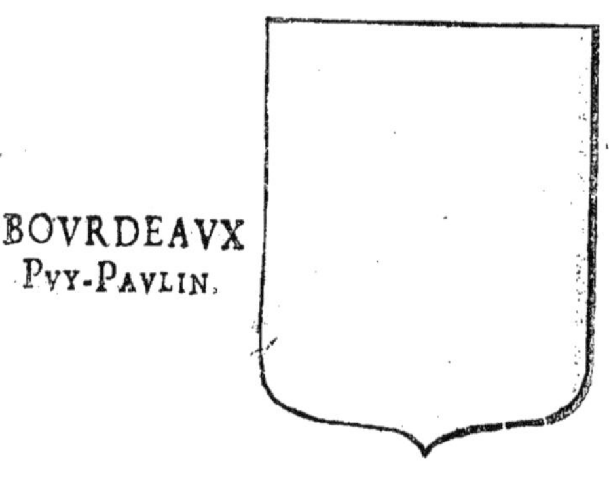

D'Or plain.

Les *diuisez*, sont ceux où on void le contraire, c'est à dire, où il se void vn ou plusieurs traits ou lignes qui changent & diuersifient le champ de l'Escu.

Il y a quatre principales diuisions qu'on appelle simples, à cause que toutes les autres en sont composées, ces quatre sont

PARTY.
COVPE'.
TRANCHE'.
TAILLE'.

Party, c'est lors qu'vn trait fend l'Escu depuis le Chef iusques à la pointe, & ce par le milieu, voyez vn exemple aux Armes de Monsieur le Mareschal de Ramsau cy-apres.

Coupé, C'est lors qu'vn trait separe ou coupe l'Escu par le milieu d'vn flanc à l'autre, & comme en ligne diametrale, & ces deux traits ou lignes, sçauoir, celle du *Party* & celle du *coupé* croiſées enſemble font *l'Eſcartelé* dont eſt parlé cy-apres, voyez l'Exemple de l'vn & l'autre cy-deſſous.

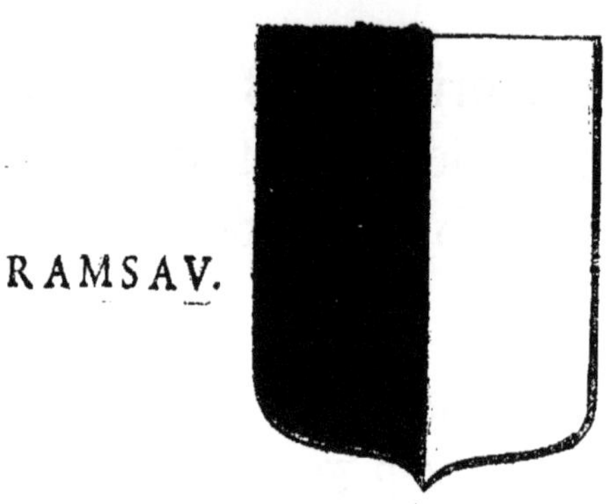

Party de Gueules & d'Argent.

Coupé d'Or & de Sable.

Trenché, c'est lors qu'il est diuisé par vne ligne qui prend depuis l'angle droit du Chef iusqu'à l'angle gauche de la pointe.

Taillé, c'est tout au contraire, leur figure vous le fera mieux comprendre.

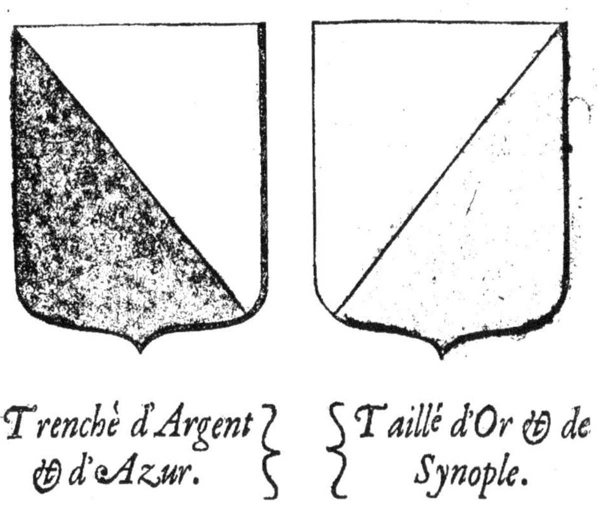

Trenché d'Argent & d'Azur. | *Taillé d'Or & de Synople.*

Ces quatre diuisions simples composent toutes les autres que vous verrez par ordre.

L'Escu qui est party d'vn trait ou ligne & coupé d'vne autre, est dit *Escartelé*, qui rend l'Escu diuisé en quatre parties ou quartiers, qui ont eu lieu pour mettre autant d'alliances diuerſes d'vne Maiſon. Voyez vn exemple aux Armes de Monſieur le Marquis d'Humieres cy-deſſous.

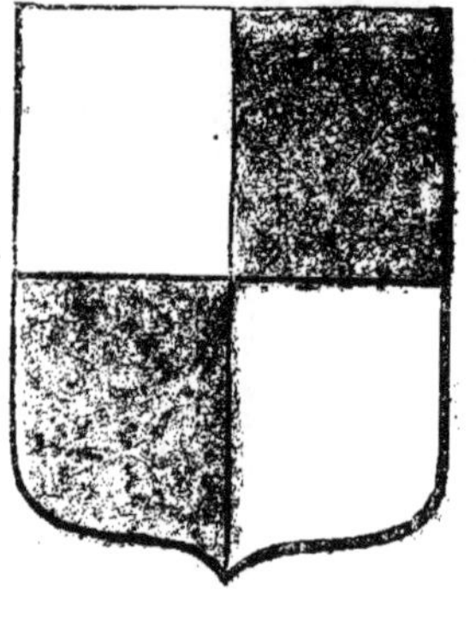

CREVANT D'HVMIERES.

D'Argent Eſcartelé d'Azur.

Gontault de Biron *d'Or Eſcartelé de Gueules.*

Senlis Boutelier dont Monſieur le Marquis de Mouſſy *de meſme*, à la reſerue que l'Eſcu des Armes de Gõtault eſt quarré & ſans pointe qu'on dit *en Baniere.*

Ainſi l'Eſcu eſtant trenché & taillé eſt diuiſé en quatre parties eſgales, & de quatre quartiers eſt dit *Eſcartelé en*

Sautoir, pour le diſtinguer de l'Eſcartelé, que nous auons expoſé cy-deſſus. Voicy vn exemple.

Eſcartelé en ſautoir le Chef & la pointe d'Hermines les flancs (ou flanché) d'Azur.

Aucuns diroient ſimplement *d'Hermines flanché d'Azur*. Comme aux Armes d'Arragon-Sicile qui ſont *d'Or à quatre pals de Gueules flanché d'Argent à deux Aigles de Sable.*

La maniere de blaſonner *le Party, Coupé, Trenché, Taillé, Eſcartelé* que nous auons expoſée cy-deſſus eſt celle dont les anciens ſe ſont ſeruis: Les modernes en ont vne autre, qui eſt de dire au lieu de *Party de Gueules & d'Argent. De Gueules Party d'Argent. D'Or Coupé de Sable.*

Et aux Armes de Creuant cy-deſſus page 22. *D'Argent eſcartelé d'Azur*, ce qui ſe doit dire de toutes les autres Armes de cette nature.

Des Tiercez en ſera parlé à la fin de cette partie.

Les autres diuiſions de l'Eſcu ſont faciles à connoiſtre par l'inſpection ſeule des figures ſuiuantes.

L'Eſcu party d'vn trait & coupé de deux eſt fait de huit pieces ou quartiers qui ſe blaſonnent ainſi comme enſuit.

Party

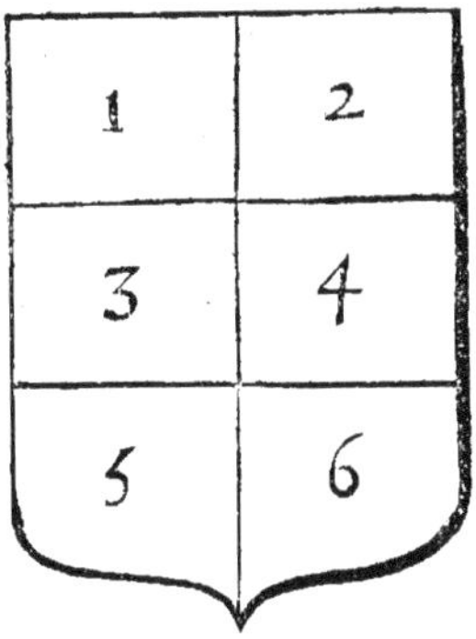

1	2
3	4
5	6

Party & Coupé de six pieces, deux en Chef, deux en face & deux en pointe, puis on adjouste *au premier du Chef de tel & tel* 1. *Party de*, qui est le 2. *au premier de la Face* 3. *Party de* 4. *au premier de la pointe*, qui est 5. *Party de* 6.

Ou bien de cette sorte, *Au premier du Chef* 1 *soustenu de* 3 *contre-soustenu de* 5, puis on reuient *au second du Chef* 2 *soustenu de* 4 *contre soustenu de* 6.

Et on peut vser l'vne de ces deux manieres de blasonner pour tous les Escus suiuans: estans toutes deux bonnes & en vsage dans le blason.

Party de deux traits & coupé d'vn, qui fait

l'Eſcu pareillement de ſix pieces qui ſe blaſonnent comme cy-deſſus.

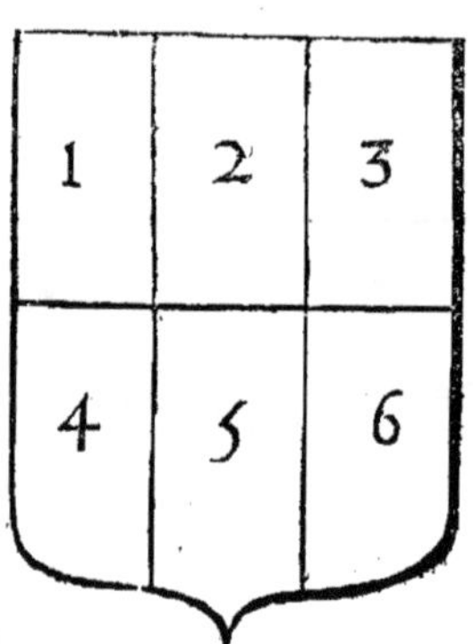

Party & Coupé de ſix pieces, trois en Chef & trois en pointe.

1 2 3 4
5 6 7 8

Party & Coupé de huit pieces 4 en Chef & 4 en pointe.

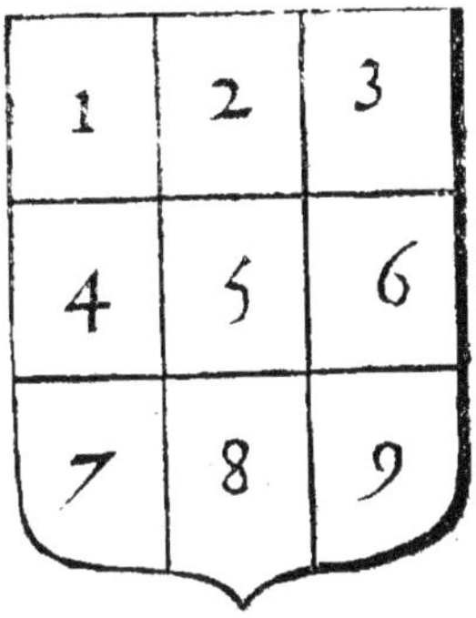

Party & Coupé de 9. 3. *en Chef* 3. *en face &* 3. *en pointe.*

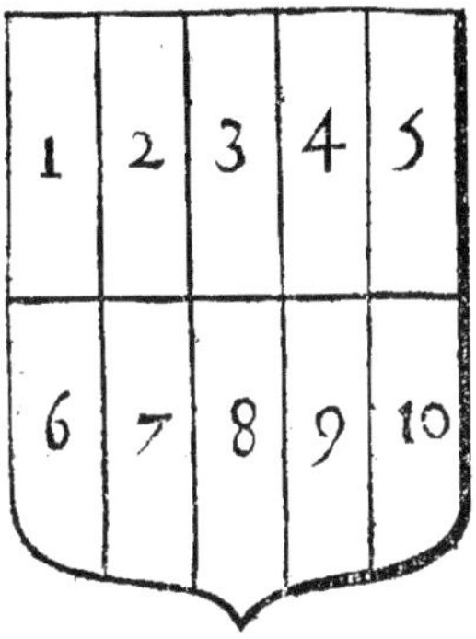

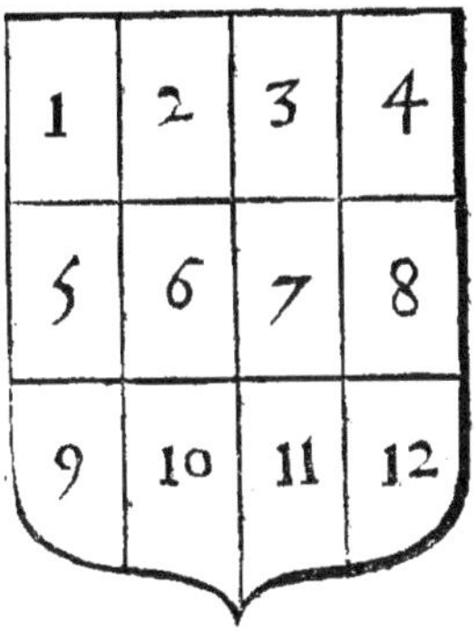

Party & Coupé de 10. 5 *en Chef &* 5 *en pointe.*

Party & Coupé de 12. 4. *en Chef,* 4 *en face &* 4 *en pointe.*

L'Eſcu de ſeize quartiers eſt celuy que nous appellons *Eſcartelé contr'eſcartelé* dont voicy la figure

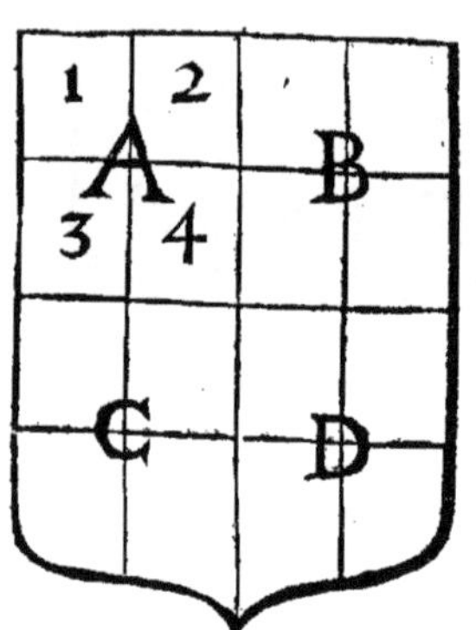

Eſcartelé & contre-eſcartelé.

Et en blaſonnant on procede ainſi ; *Eſcartelé au premier de* 1. *contre-eſcartelé de* 2. *au troiſieſme de* 3. *& au dernier de* 4. Puis on pourſuit *au ſecond grand quartier*, de la meſme façon, & ainſi des autres quartiers marquez C & D.

Lors que dans vn Escu il se void vn quartier seul d'vn autre Esmail que le reste il est nommé *franc quartier*.

D'Argent au franc quartier de Gueules.

Lors qu'il est plus petit que le quart de l'Escu il est nommé *Franc-canton*, comme aussi *le Canton des Croix*, dont il sera parlé cy-apres. Ainsi Thoüars porte *semé de France au Franc-canton de Gueules.*

De l'Escu sur le tout & en abisme.

Apres auoir blasonné les alliances contenuës, aux pieces des Escus diuisez

H

ſelon l'ordre cy-deuant preſcript, s'il ſe trouue vn Eſcuſſon ſur la croiſée de *l'Eſcartelé*, Contre-*eſcartelé*, ou au milieu des quartiers, à quelque nombre qu'ils ſe puiſſent monter, on dit *ſur le tout de*, &c. ſi cét Eſcuſſon *ſur le tout*, eſtoit encores Eſcartelé, & que ſur la croiſée d'iceluy il ſe trouuaſt encores vn Eſcuſſon plus petit, on diroit, *ſur le tout du tout*. Sur ces Ecuſſons ſe poſent les Armes principales de la Maiſon. Si bien que, pour connoiſtre de qui ſeront les Armes en voyant vn Eſcu compoſé de pluſieurs quartiers differends, il faut s'arreſter ſeulement à l'Eſcuſſon *ſur le tout*, ou *celuy ſur le tout du tout*; & ſi il n'y en a point, les Armes principales de la Maiſon ſeront au premier quartier de l'Eſcu, les autres quartiers n'eſtans admis que pour mettre les diuerſes alliances de la Maiſon.

Lors qu'il ſe void vn Eſcu plain, & qu'au milieu d'iceluy il s'en void vn vn autre petit, il est nommé *Escu en abisme* ou *en cœur*, ce qui fait la difference de celuy sur le tout. Voyez l'exemple en la figure suiuante qui sont les Armes d'vn Gilles de Compiegne qui fut Preuost de Paris l'an 1283.

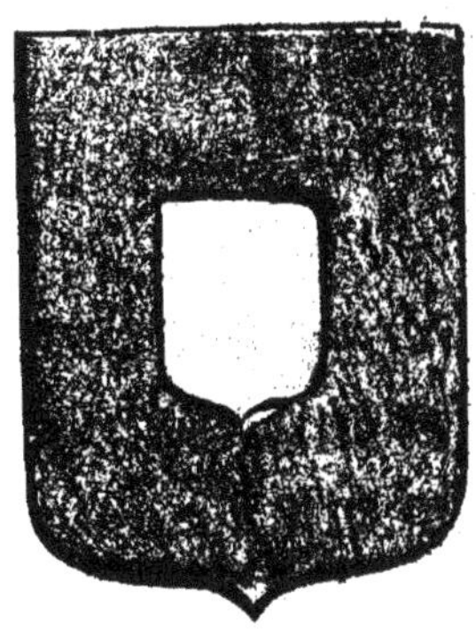

D'Azur à l'Ecusson en abisme d'Or.

Non seulement les Escus, mais toute piece d'Armoirie se voyant ainsi au milieu d'vn Escu plain se blasonne ainsi *posé en abisme*.

MERCV-

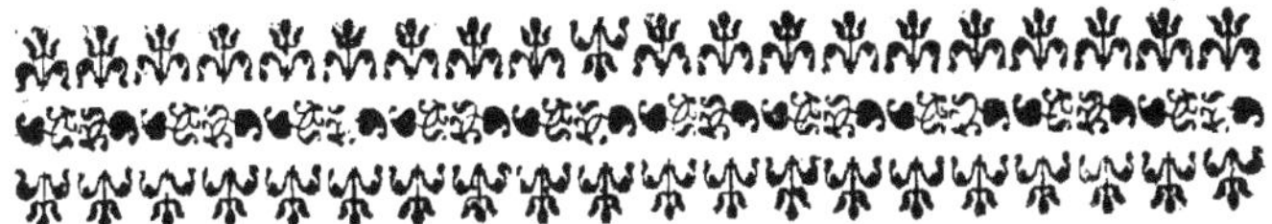

MERCVRE ARMORIAL

SECONDE PARTIE.

Où il est traicté des Grandes pieces Honorables ordinaires & des autres moindres pieces.

Des Pieces Honorables ordinaires.

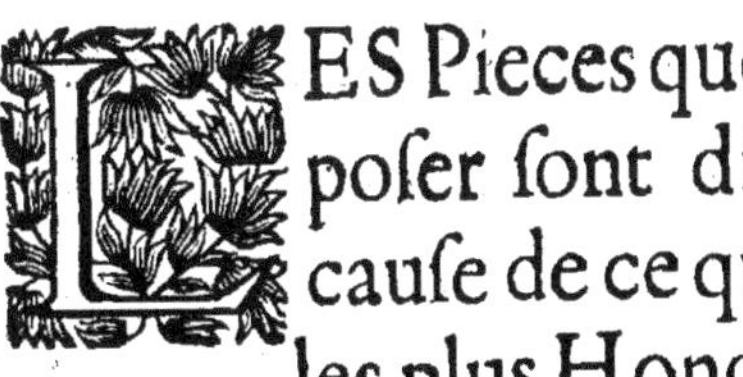

ES Pieces que nous allons exposer sont dites *Honorables*, à cause de ce qu'elles occupent les plus Honorables places de l'Escu.

Elles sont aussi appellées *Ordinaires* à raison de ce qu'elles sont fort vsitées & frequentes en Armoiries, & notamment dans celles des anciennes & illustres Maisons.

Elles sont au nombre de dix, sçauoir.

1. *CHEF.*	6. *CROIX.*
2. *FACE.*	7. *SAVTOIR* *anciennement* *SAVTEVR.*
3. *PAL.*	8. *CHEVRON.*
4. *BANDE.*	9. *GIRON* ou *GVYRON.*
5. *BARRE* ou CONTRE-*BANDE.*	10. ORLE.

DV CHEF.

LE CHEF, contient la troisiesme partie & celle du haut de l'Escu, de sorte qu'estant de sa grandeur reguliere, il laisse sous soy deux fois autant de champ qu'il en occupe. Ceux qui recherchent exactement les significations & applications du Blason disent que le *Chef* represente le Tymbre ou Casque du Cheualier.

L'illustre Maison de Lauaugour,

dont les Comtes de Vertus & Madame la Duchesse de Mombazon porte.

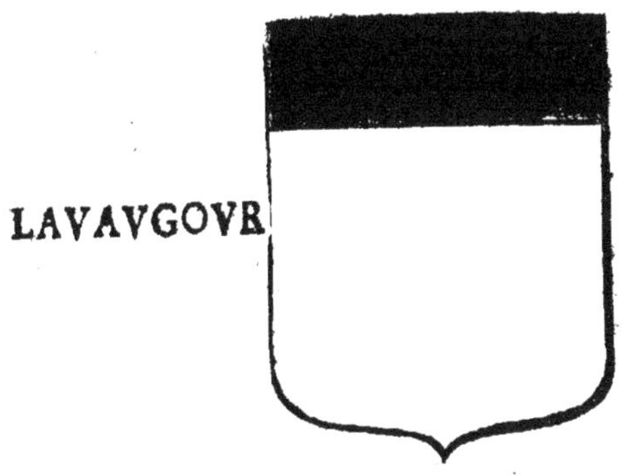

D'Argent au Chef de Gueules.

DE LA FACE.

LA FACE occupe iuſtement le milieu de l'Eſcu eſtant diſpoſée comme le traict du Coupé & de la meſme largeur *du Chef.*

Ellerepreſente la Ceinture ou Cuiraſſe du Cheualier. Voicy ſa figure cy-apres.

POT DE RHODES.

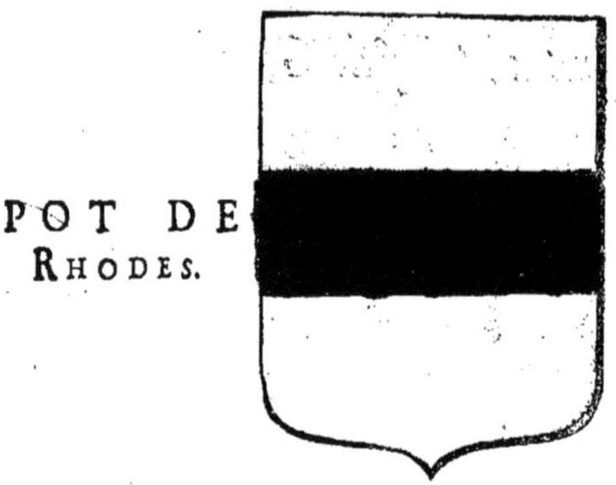

D'Or à la face d'Azur.

DV PAL.

DV PAL.

LE PAL occupe pareillement le tiers de la largeur de l'Eſcu, ſa diſpoſition eſt comme le trait *du party* il repreſente la Lance du Cheualier. Voicy ſa figure.

De Gueules au Pal de Vair.

DE LA BANDE ET CONTREBANDE *par aucuns* BARRE.

LA BANDE contient pareille largeur que *le Pal* lors qu'elle eſt miſe seule, sa disposition est comme le trait *du Taillé* & represente le Baudrier du Cheualier.

La Contre-bande est de mesme quand à la largeur, pour sa disposition elle est contraire à la Bande, elle est mise comme le trait *du Taillé*. Elle signifie l'Escharpe du Caualier. La figure de la Bande suffira pour l'intelligence de ces deux pieces.

ESCOVBLEAV DE SOVRDIS.

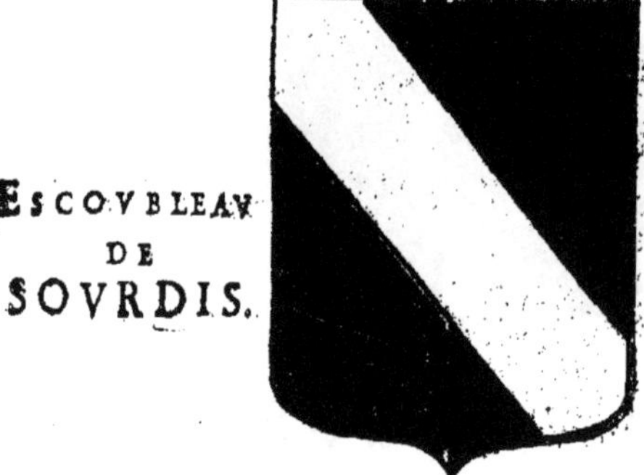

Party d'Azur & de Gueules à la Bande d'Or.

DE LA CROIX.

LA CROIX qui eſt du nombre de ces pieces Honorables Ordinaires, eſt la Croix plaine differente de celles dont ſera traitté cy-apres. Celle-cy a la meſme figure, largeur & diſpoſition que la Face & le Pal croiſez, elle repreſente l'Eſpée du Cheualier.

SAVOYE.

De Gueules à la Croix d'Argent.

DV SAVTOIR.

LE SAVTOIR autrement *Sauteur*, eſt de meſme que la Bande & Contrebande iointes & croiſées, il repreſente le Guidon du Cheualier.

De Sable au Sautoir d'Argent.

DV CHEVRON.

LE CHEVRON eſt la piece la plus connuë & la plus vſitée de toutes principalement aux Armoiries des Maiſons de France; Lors qu'il eſt ſeul il doit

doit eſtre de la largeur du quart de l'Eſcu. On l'appelle ſimplement *Cheuron* non pas *rompu* ny *briſé*, comme le vulgaire le nomme, qui ſont des termes differents & particuliers qui ſeront expliquez cy-apres. Il repreſente les Eſperons du Cheualier.

De Gueules au Cheuron d'Or.

DV GIRON ou G*VYRON.*

LE GIRON autrement Guyron eſt fait à la façon d'vn triangle irregulier dont la pointe aboutit au centre de l'Eſcu, ou pour mieux dire c'eſt vne partie de l'Escu party Coupé, Tranché & Taillé, il se void rarement seul, mais quand il se trouue, il est fait ainsi.

D'Argent au Giron d'Azur mouuant du Canton droit.

Il est besoin d'adjouster ce mot *Mouuant du Canton droict* pour exprimer le lieu de sa scituation, & s'il estoit scitué en autre endroit, on diroit *Mouuant du Canton gauche, du flanc droict, du flanc gauche, de la pointe, &c.*

DE L'ORLE.

ORLE a le meſme trait de l'Eſcu deſorte que lors qu'il eſt dans vn Eſcu, en Lozange, il doit eſtre auſſi en Lozange; Il n'a point de largeur determinée. Sa figure ſe trouue aux Armes de Charlot Gentil-homme Picard, cy-deſſous portraites.

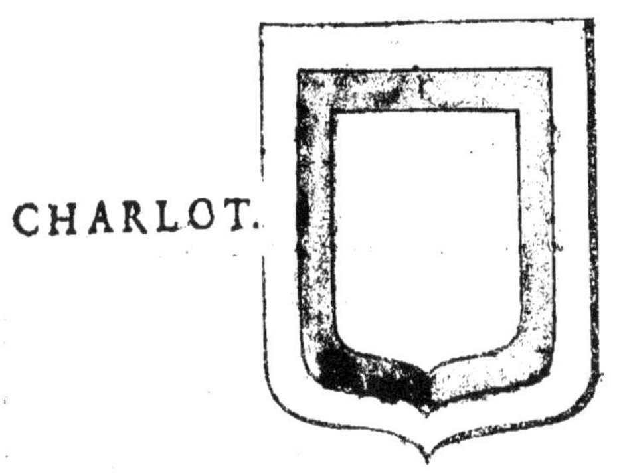

D'Argent à l'Orle d'Azur.

Gautier de Baignaux Archeueſque de Sens en 1386. portoit *d'Argent à l'Orle de Gueules de deux pieces.*

De quelques differences concernant les pieces Honorables Ordinaires.

De ces dix pieces cy-dessus exposées, il y en a trois qui se mettent seules, c'est à dire, qu'il ne s'en void iamais plus d'vne en vn Escu ou dans vn des quartiers d'iceluy. Ces trois sont,

CHEF.

CROIX.

SAVTOIR.

Et cela se doit entendre des *Croix*, & des *Sautoirs* qui sont cy-deuant figurez; Car il s'en trouue d'autre façon qui se peuuent mettre en nombre, voire mesme qui s'y mettent presque tousiours, comme nous verrons dans la suitte de ce Traitté.

Il reste

Il reste sept de ces pieces qui se peuuent mettre en nombre, c'est à dire, dont il s'en void, ou s'en peut voir, plusieurs en vn Escu. Ces pieces sont,

PAL.
BANDE.
BARRE.
CHEVRON.
GIRON.
&
ORLE.

Les exemples suiuans vous en faciliteront l'intelligence.

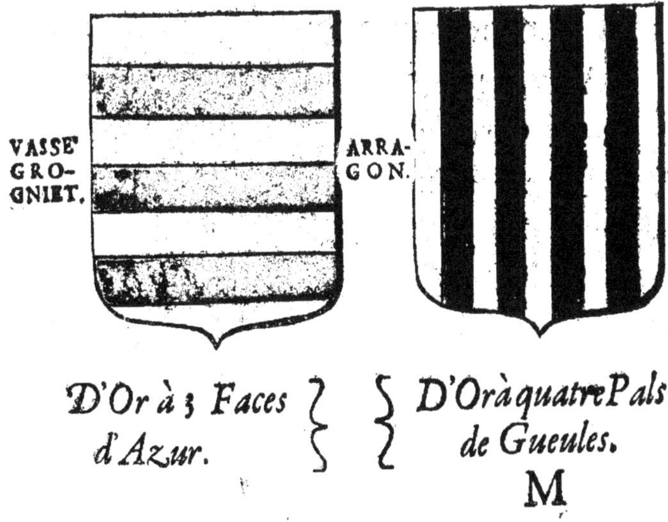

D'Or à 3 Faces d'Azur.

D'Or à quatre Pals de Gueules.

DV PLESSIS RICHELIEV.

D'Argent à trois Cheurons de Gueules.

Ces Armes & autres ſemblables ſe blaſonnent auſſi d'vne autre façon, qui eſt de nommer le nom de la piece en ſingulier & adjouſter *de tant de pieces.*

Comme par exemple,

Aux Armes de Vaſſé cy-deſſus, au lieu de dire, *D'Or à trois Faces d'Azur.* On diroit *d'Or à la Face d'Azur de trois pieces.*

ARRAGON, *d'Or au Pal de Gueules de quatre pieces.*

DV PLESSIS, *d'Argent au Cheuron de Gueules de trois pieces.* & ainſi de la *Barre* & *Orle.*

Le *Giron* a cette remarque particuliere, que l'Eſcu en eſt touſiours eſgalement remply, & on ne peut pas dire *à tant de Girons*, mais bien *Gironné de tant de pieces*, comme vous verrez en ſuitte.

Du Facé, Pallé Bandé, Cheuronné & Gironné.

L'Eſcu ſe trouuant également remply de *Faces*, *Pals*, *Bandes*, *Cheurons & Gyrons*, eſt dit *Facé*, *Bandé &c. de tant de pieces.*

Vous connoiſtrez ſi l'Eſcu en eſt également remply, ſi vous voyez que le nombre des pieces de Metal ſoit égal à celuy des pieces de Couleur, de meſme ſi toutes les pieces ſoit Couleur ou de Metal ſont en nombre pair.

Les figures suiuantes vous le feront mieux comprendre.

AMBOISE
dont Mr le Comte
D'AVBIJOVX.

Pallé d'Or & de Gueules de six pieces.

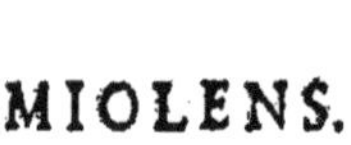

MIOLENS.

Bandé d'Or & de Gueules de six pieces.

CHAM-

CHAMMAILLARD.

Cheuronné d'Or & de Gueules de huit pieces.

BOCART DE CVGNAT, dont Monsieur le Marquis de DAMPIERRE D'HVYSSEAV.

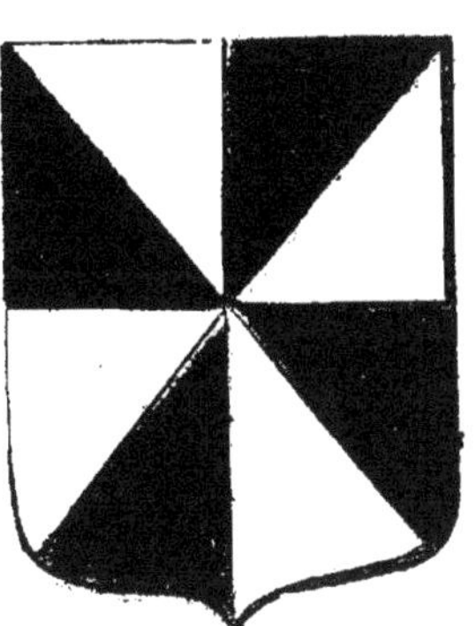

Gironné d'Argent & de Gueules de huit pieces.

Des figures differentes des pieces Honorables Ordinaires.

Ces pieces dont nous auons parlé cy-dessus ne sont pas tousiours veuës comme elles sont exposées quand à la figure, pour leur scituation elle ne change iamais.

Les differences de ces figures sont remarquables, comme il se verra par la suitte.

Des differences du Chef.

Le Chef a trois differences qui luy sont particulieres.

1. Lorsque le Chef n'est pas contigu au bord d'en haut de l'Escu & qu'entre les deux il se remarque vn interualle ou espace de mesme Esmail que celuy du Champ. Ce Chef se doit

nommer *Abaiſſé*, comme monſtre la figure.

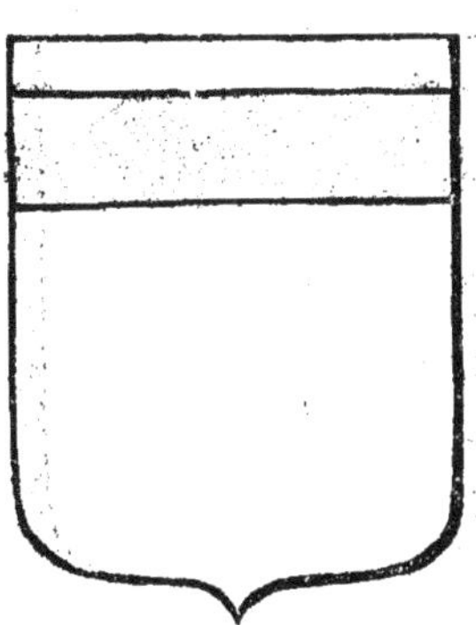

D'Argent au Chef abaiſſé de Synople.

2. Si le filet eſt d'vn Eſmail differend de celuy du Chef, on dit *au Chef ſurmonté de tel, &c.*

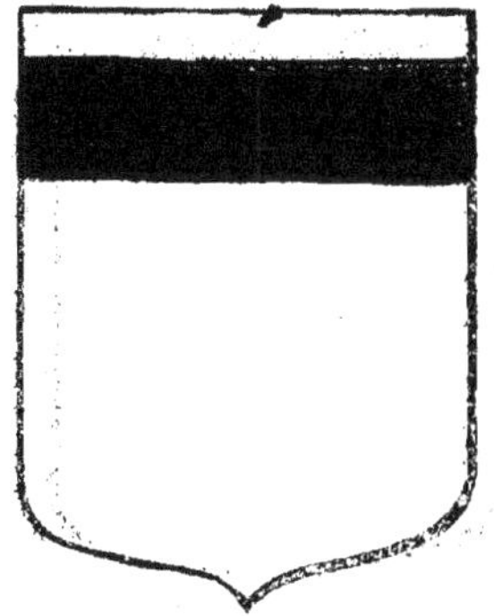

D'Argent au Chef de Gueules ſurmonté d'Or.

3. Ce filet estant d'Esmail differend du Champ de l'Escu, & du Chef, & posé immediatement sous iceluy, il est dit *soustenu*.

D'Azur au Chef d'Argent soustenu de Gueules.

Des differences des autres pieces.

Le Chef a toutes ses autres differences communes auec les autres pieces, qui sont *Le Pal*, *Face*, *Bande & Contrebande*, *Croix*, *Sautoir* & *Cheuron*, qui peuuent estre,

Danchez, ou *Dentelez*.

Eschiquez, ou *Eschiquetez*.

Ondez.

Ondez entez.

Componez.

Engreslez.

Crenelez autrement *Bretessez*.

Les exemples ſuiuans vous donneront l'intelligence de ces termes.

COSSE'
BRISSAC.

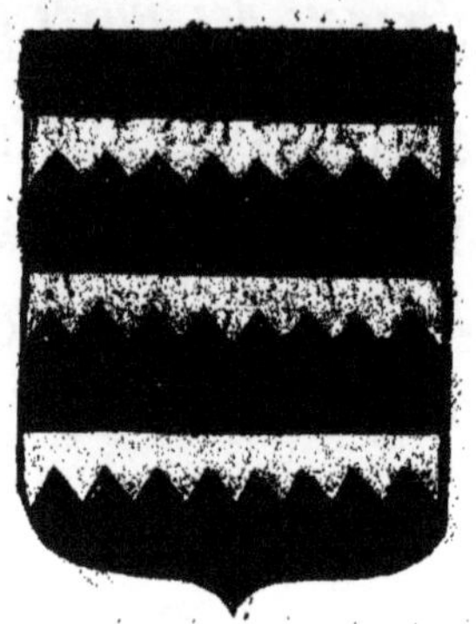

De Sable à trois Faces Danchées ou *Dentelées d'Or*

Ces Faces ſont dites par aucuns *Feuilles de ſcie.*

AILLY
PIQVIGNY.

De Gueules au Chef Eſchiqueté d'Argent & d'AZur de trois traits.

Les Armes anciennes de cette Maison estoient *Facé d'Argent & d'Azur de six pieces.* Mais Ieanne de Rayneual espouse de Baudoüin d'Ailly Baron de Piquigny, & heritiere de Dreux d'Amiens Vidame & Seigneur de la meilleure partie du Domaine de ladite ville, enuiron l'an 1388, changea ses Armes, & fit charger *Les rainceaux de Pourpre,* autrement, *Branches d'Allier*, sur les Armes d'Amiens qui estoient celles que vous voyez cy-dessus.

D'Hermines a Pal Componé de Gueules & d'Or.

CHASTEAV-
VIEVX
VERSON.

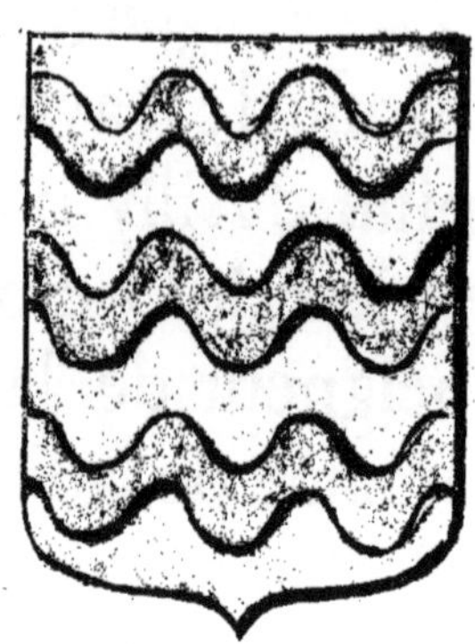

D'Azur à trois Faces ondées d'Or.

ROCHECHOVART.
MORTEMART

Enté en Face de six pieces de Gueules & d'Argent.

BREZE' MAILLE.

D'Or à trois Faces ondées entées de Gueules.

SCARON.

D'Azur à la Bande Crenelée d'Or.

BOVCHAVANES.

De Gueules à la Croix engreſlée d'Or.

Ce qui ſe dit des pieces cy-deſſus ſe peut dire du *Sautoir* & du *Cheuron*, mais non pas de *L'Orle* ny du *Giron*, qui ſe voyent touſiours de meſme que nous les auons figurez cy-deſſus.

Le *Cheuron* a ces differences particulieres.

Lors qu'il ne touche pas au bord de l'Eſcu, il eſt dit *racourcy* ou *alizé*.

Lors qu'il a la pointe au bas *verſé*. Comme les figures de la page ſuiuante feront voir.

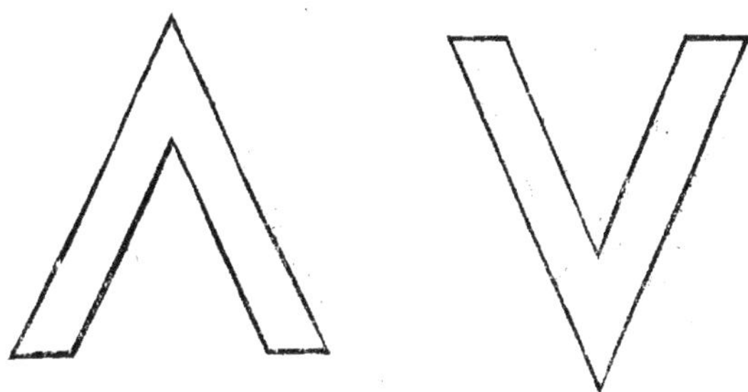

Cheuron Racourcy ou *alisé.* } { *Renuersé.*

Les pointes d'iceluy eſtans ſeparées il eſt dit *rompu*.

De meſme il ſe peut voir *ayant la pointe coupée*, comme le premier des trois qui ſont aux Armes de la Roche-Foucault.

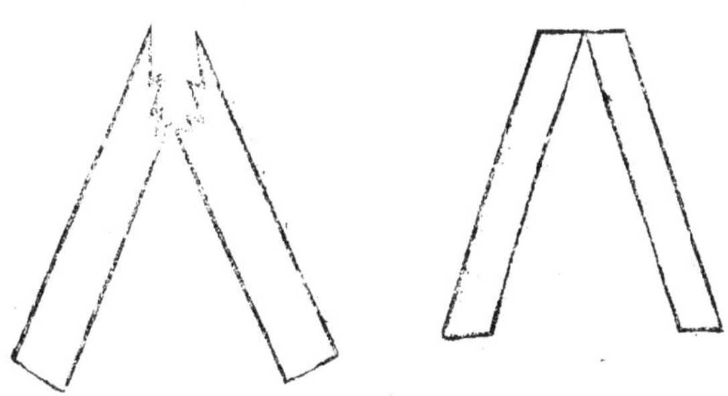

Cheuron rompu. } { *Cheuron à la pointe coupée.*

La Face & la Bande ſont quelque fois dites *Viurées*, ou pour mieux dire. *La Viure* (qui eſt vne piece d'Armoirie dont la figure ſe void en l'Ecuſſon ſuiuant) ſe met ordinairement en Bande comme aux Armes de Maureuert du nom de la Baûme qui porte.

LA BAVME MAVREVERT.

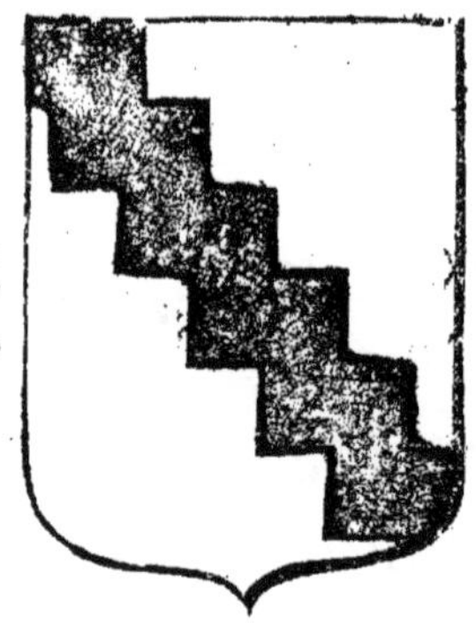

D'Or à la Viure d'Azur miſe en Bande par aucuns D'Or à la Bande Viurée d'Azur.

La *Viure*, ſe met auſſi en face comme aux Armes d'Erian qui porte *de Gueules à la Viure d'Hermines miſe en Face accompagnée de trois teſtes de Lyon arrachées d'Or.*

Le Pal qui eſt aigu par le bas eſt appellé Pal *fiché* ou au *pied fiché.*

D'Or

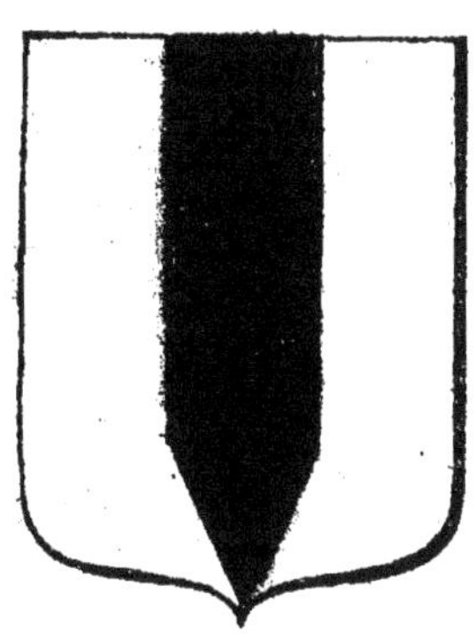

D'Or au Pal fiché de Sable.

Voila les plus notables differences de ces pieces.

Il s'en void plusieurs autres qui se peuuent voir au Liure intitulé *SCIENCE HEROIQVE* de Monsieur de la Coulombiere, où elles sont tres-exactement & curieusement recherchées.

Ces pieces cy-dessus sont quelquefois chargées d'autres pareilles pieces, comme le Pal d'vn autre Pal, la Face d'vne autre Face, le Cheuron d'vn autre Cheuron, &c. ou de semblables, comme aux Armes de Pons qui porte.

D'Argent à la Face bandée d'Or & de Gueules de huict pieces.

Exemple du *Pal sur Pal.*

D'Azur au Pal d'Argent chargé d'vn autre Pal de Gueules.

Des Tiercez.

La reſſemblance de quelques pieces auec le *Tiercé*, comme du *Pal* auec le *Tiercé en Pal*, de la *Bande* auec le *Tiercé en Bande*, *&c.* pourroit cauſer quelque confuſion, pour l'eſuiter nous mettrons icy les figures de chacun qui feront voir la difference de l'vn auec l'autre.

Tiercé en Face d'Argent, Gueules & Sable.

Tiercé en Pal d'Azur Gueules & Argent.

DE CAVMONT.
DE LAVZVN.

Tiercé en Bande d'Or, Gueules & Azur.

Tiercé en Contrebande ou *Barre*, c'eſt tout au contraire.

Des

Des pieces Honorables ordinaires chargées & accompagnées.

Pour Blaſonner les pieces d'Armoiries qui ſont deſſus, ou alentour des pieces cy-deſſus deſduites, il faut remarquer que lors qu'il ſe void ſur icelles quelques Animaux, Aſtres ou autres Meubles, on les dit *Chargées*. Voicy des Exemples.

ASIGNE'.

D'Hermines au Chef de Gueules chargé de trois fleur de lys d'Or.

HARVILLE
PALAISEAV.

De Gueules à la Croix d'Argent chargee de cinq Coquilles de Sable.

Et ainsi de toutes les autres pieces.

Si ces meubles sont alentour des pieces susdites on les dit *Accompagnées.*

Exemples.

VILLEROY
NEVFVILLE.

D'Azur au Cheuron d'Or accompagné de trois Croix ancrées de mesme.

ROSTAING.

D'Azur à la Face d'Or accompagnée d'vne Rouë de mesme en pointe.

A la Bande & au Pal on dit acostez.

BAILLET.

D'AZur à la Band de Pourpre acostée de deux Dragons aileZ d'Or par aucuns dits *Amphisteres.*

Aux Croix, on dit *Cantonnée.*

BELLANGREVILLE.

D'Azur à la Croix d'Or Cantonnée de quatre molettes de mesme.

Des differences des Croix.

Outre la Croix dont il a esté parlé cy-dessus, qui se trouue au rang des pieces Honorables ordinaires qui peut estre, *danchée, ondée, eschiquetée, engreslée, &c.* comme le reste des pieces susdites.

Il s'en trouue plusieurs autres differentes, de celle-là & differentes entr'elles.

Elles different de la Croix plaine & en-

& entiere en ce qu'elles ſe peuuent mettre pluſieurs en vn meſme Eſcu, & qu'elles ne touchent pas au bord d'iceluy. Elles different entr'elles en pluſieurs façons dont nous mettrons icy les principales & les plus vſitées : les autres s'apprendront aſſez par l'vſage.

La Croix *Alizée*, ou *racourcie*, comme celle qui ſe void aux Armes de Lanſac S. Gelais cy-deſſous.

D'Azur à la Croix alizée ou *racourcie d'Argent.*

La Croix *Patée*, comme celle des Armes de Pleſſis Baudoüin, qui porte

S

d'Or à la Croix patée de Gueules.

La *Florencée* ou *fleurdelisée* qui se void aux Armes de Villequier la Guierche qui porte *De Gueules à la Croix fleurdelisée d'Or* Cantonnée *de 4 brilettes de mesme.*

La Potencée, telle que la portoit Godefroy de Boüillon blasonnée en la premiere partie de ce traicté page 14.

La Recroisettée & au pied fiché, qui se peuuent voir aux Armes de Bar qui sont *d'Azur à deux bars adossez d'Or, l'Escu semé Croix recroisettées au pied fiché de mesme.*

L'Anchrée, qui se trouue aux Armes & Damas de Thianges qui porte *d'Or à la Croix anchrée de Gueules.*

La Nillée par aucuns dite Croix *de Moulin.* Comme celle des Armes de la Maison d'Aubusson la Feüillade, qui sont *d'Or à la Croix Nillée de Gueules.*

La Croix *de Lorraine*, est assez connuë par la tres-illustre Maison de Guyse.

Monsieur de Bouqueual Conseiller au grand Conseil en porte vne dans ſes armes qui ſont *D'Argent à la Croix de Lorraine de Sable, Eſcartelé d'Or à la bande d'Azur chargee de trois fleurs de lys d'Or.*

La Croix dite *de ſainct Antoine*, ou *Tau* & la *Bourdonnée* (qui eſt comme deux Bourdons croiſez) ſont faciles à connoiſtre outre que i'ay mis icy leur figures & celles de toutes les Croix cy-deſſus pour plus grande facilité.

Croix pattée. *Croix fleurdeliſée.*

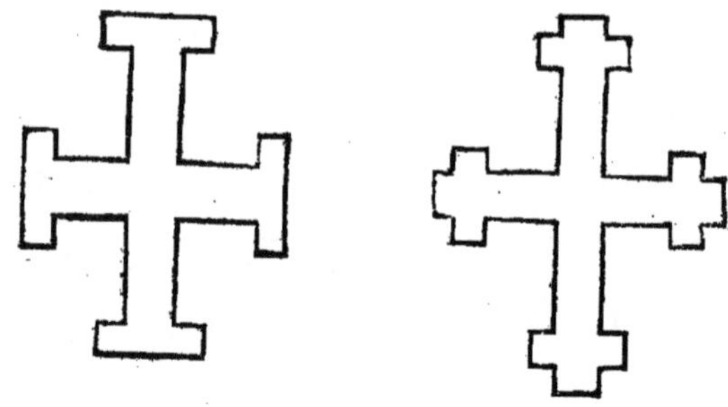

Croix potencée. *Recroisettée.*

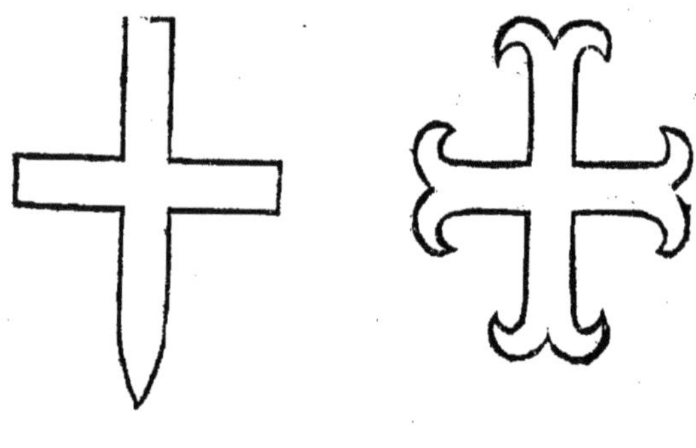

Au pied fiché. *Anchrée.*

Nillée

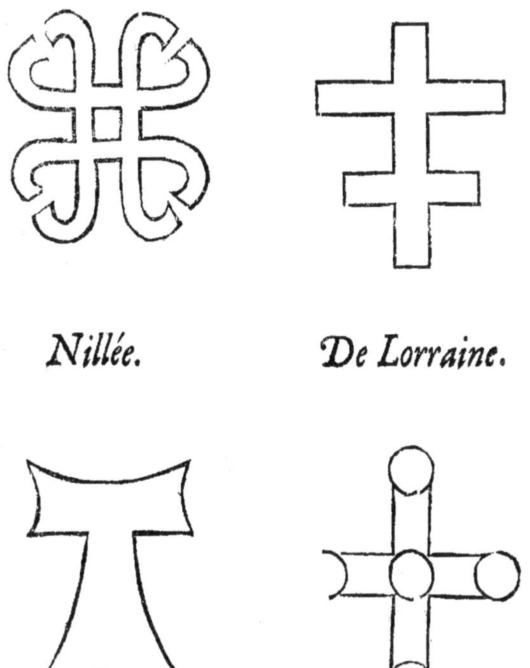

Nillée. *De Lorraine.*

De S. Antoine ou *T'au.* *Bourdonnée.*

Il y a vne Croix qui eſt dite Croix *de Thoulouſe*, à raiſon de ce que les Comtes de Thoulouſe & leurs alliez la portent en leurs Armes qui ſont. *De*

Gueules à la Croix vuidée, Chefclée & promettée d'Or, tous ces termes luy ſont particuliers. Voicy ſa figure.

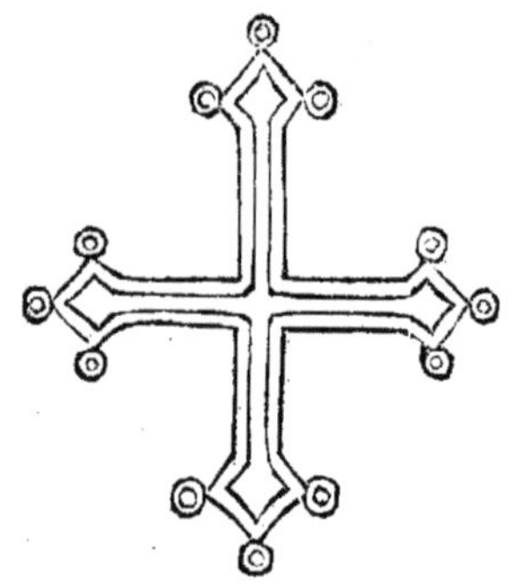

Croix de Thoulouze.

Des moindres pieces Honorables Ordinaires.

La Bande apparemment plus eſtroite que celle que nous auons miſe cy-deuant au rang des Pieces Honorables Ordinaires eſt nommée *Cotice:* au reſte elle a les meſmes differences que la Bande.

L'Eſcu en eſtant eſgalement remply (c'eſt dire le nombre des pieces du champ eſtant eſgal à celuy des *Cotices*) on dit *Coticé de* tant de pieces, comme en la figure ſuiuante.

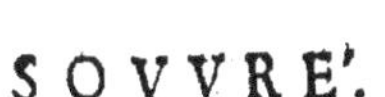

Coticé d'Or & d'Azur de 10 pieces.

De La Face en deuise.

La Face qui eſt plus eſtroite que la Face ordinaire, & qui eſt veuë ſeule eſt appellée *Face en deuiſe*. Voyez la figure.

D'Or à la Face en deuiſe de Pourpre.

Lors que l'Eſcu en eſt également remply on dit *Burelé de tant de pieces* & le nombre eſt ordinairement de dix comme

comme il ſe void aux Armes de Luſignan cy-deſſous.

LVSIGNAN.

Burellé d'Argent & d'Azur de dix pieces.

Des Jumelles & des Tierces.

Jumelles ſont deux lignes ou filets parallelles, qui laiſſent autant d'eſpace entr'elles, que chacune d'elles en contient, & ſe mettent pour l'ordinaire en Face.

Les *Tierces* ſont de meſme largeur que les *Iumelles* & n'ont autre difference ſinon que les *Tierces* ont trois filets, & les *Iumelles* ſeulement deux, comme il ſe void par les figures ſuiuantes.

GOVFFIER.

D'Or à trois Iumelles de Sable.

BOVRBOVRG.

D'Azur à trois Tierces d'Or.

Ces *Tierces* ſe mettent quelquefois

en autre ſcituation qu'en Face, comme aux Armes de Tiercelin Apeluoiſin qui porte. *D'Argent à deux Tierces d'Azur paſſées en Sautoir accompagnées de quatre merlettes de Sable.*

Des Frettes.

Frettes, ſont ainſi que baſtons enlacez les vns dans les autres ainſi qu'il ſe void par les Armes cy-deſſous.

LA MAILLERAYE.

De Gueules freté d'Or de ſix pieces.

Des Ottelles.

Ottelles ſuiuant l'opinion commune ſont *Amandes pelées* & notamment du P. de Varennes en ſon liure intitulé LE ROY D'ARMES. Et dit, qu'vn des Anceſtres de la Maiſon de Cominges s'eſtant conuerty à la Foy prit des Amandes (qui ſont ces *Ottelles*) pour corps de ſes Armes & de ſa Deuiſe dont la lettre eſtoit EN CROYANT NOVS AMENDONS. Voicy les Armes.

COMINGES.

De Gueules à quatre Ottelles d'Argent miſes en Sautoir.

Du

Du Treſcheur.

Le Treſcheur eſt fait de la façon d'vne Orle eſtroite, ou pour mieux dire d'vn filet mis en Orle, il ſe met double pour l'ordinaire, comme celuy des Armes de Gourdon Baulande, dont vn Conneſtable de France ſous Loüis le Debonnaire 820 à preſent la Maiſon de Boſſu Longueual & Boſſu d'Eſcry, qui briſent leurs Armes; cettuy-cy d'vn Ecuſſon *ſur le tout de Gueules à la Bande d'Or.* Et l'autre de Pelleué qui eſt, *De Gueules à la teſte Humaine au poil leué d'Argent.*

BAVLANDE GOVRDON.

D'Or au double Treſcheur floré & contre-floré de Synople au Sautoir de Gueules brochant ſur le tout. *

* *Cette figure eſt defectueuſe, le Graueur ayant oublié d'y adjouſter des fleurs de lys dedans & dehors le double filet du Treſcheur, qu'il plaira au Lecteur de ſuppléer.*

Des Emmanches & de l'Emmanché & Endenté.

Emmanches sont pointes longues & esgales de Metal & de Couleur l'vn dans l'autre, & se mettent selon le traict des quatre diuisions cy-dessus, & on dit *Party Emmanché*, *Coupé Emmanché & Trenché Emmanché*, qui est le contraire du *Taillé*.

Les exemples vous le feront comprendre.

La Maison de Hotteman *porte ces mesmes Armes.*

HERINSTAT dont vn Chancelier de France sous Philippes Auguste, creé en 1216.

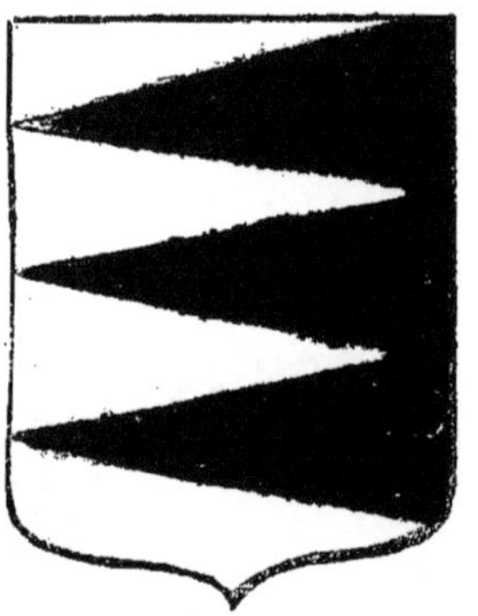

Party Emmanché d'Argent & de Gueules les plus exacts adjoustent *de 4 pieces.*

MOMMIRAL.

Tranché Emmanché d'Argent & de Gueules.

L'Endenté a les mesmes traits de diuision; c'est à dire, qu'il y a *Party endenté, Coupé endenté, Tranché, &c.* Mais ses pointes sont plus courtes & en plus grand nombre. Voicy sa figure.

VILLE MONTEE.

Coupé Endenté d'Or & d'Azur l'Or chargé d'vn Lyon Leopardé de Sable.

De l'Eſchiqueté.

L'Eſcu entierement remply de quarreaux de Metal & Couleur eſt dit *Eſchiqueté*. Le nombre & grandeur des quarreaux n'eſt pas preciſement determiné, toutefois l'ordinaire eſt de quatre traits ou quatre rangs.

Eſchiquete d'Or & de Gueules.

Il faut remarquer que lors qu'il n'y a que neuf quarrez, ſçauoir cinq de Metal & quatre de Couleur, ou au contraire, on doit dire (comme aux Armes de Buſſy de Buſſy Rabutin cy-deſſous, qui ſont celles des Comtes de Geneue.

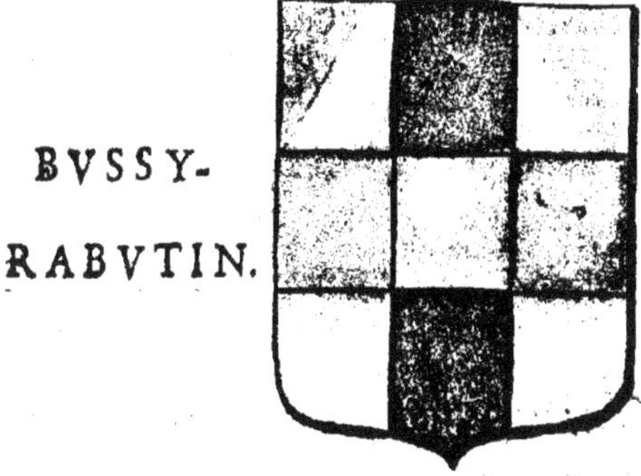

D'Or à cinq poincts Equipolez à quatre d'AZur.

Ce qui ſe doit dire de toutes les Armes où ſe trouue pareil nombre de quarrez, en obſeruant la difference de l'Eſmail.

Des Lozanges.

La figure ſeule des *Lozanges* les feront aſſez connoiſtre.

BELLEFONT-GIGAVLT.

D'Azur au Cheuron d'Or, accompagné de trois Lozanges d'Argent.

Si l'Efcu en eft entierement remply, on dit *Lozangé*, de tel & tel, &c.

S. AMAND.

Lozangé d'Or & de Sable.

Des Fuſees.

Les Fuſees ſont plus eſtroites & plus allongées que les Lozanges & ont les flancs plus arrondis : au reſte, elles ont les meſmes differences & Blaſon. Voicy leur figure.

LA FERTE' SENETAIRE.

D'Azur à cinq Fuſées d'Argent miſes en Face.

Il eſt neceſſaire d'adjouſter ces mots, *miſes en Face*, pour exprimer la difference de leur ſcituation, ſe pouuant mettre, ainſi que les Lozanges & autres pieces ſuiuantes en Pal, Bande, Croix, Sautoir, &c.

Tout l'Eſcu en eſtant remply, on dit, *Fuſelé*, comme aux Armes ſuiuantes.

DV BEC CRESPIN.

D'où le Marquis de Vardes.

Fuzelé d'Argent & de Gueules.

Des Macles & des Ruſtres.

Nous mettons ces deux pieces en meſme tiltre à cauſe de l'eſgalité de leur Blaſon & de leur Figure, n'ayans autre difference l'vne de l'autre, ſinon que les *Macles* ſont vuidées ou percées, ſelon leur trait qui eſt en Lozange, & les *Ruſtres*

Rustres sont percées en rond, comme la figure de l'vne & de l'autre fera voir.

PVY-DV FOV.

De Gueules à trois Macles d'Argent.

D'Or à cinq Rustres de Sable.

Des Billettes.

Quelques-vns prennent ces *Billettes* pour des *Briques*, aussi leur figure quarrée oblongue n'y rapporte pas mal, comme vous voyez

LAVBESPINE

VERDERONNE.

D'Azur au Sautoir d'Or, accompagné de quatre Billettes de mesme.

Le Champ, ou fond de l'Escu en estant esgalement remply est dit *Billeté*, ou *semé de Billettes*, comme aux Armes de Conflans d'Auchy, qui porte *D'Azur au Lyon d'Or, l'Escu Billeté, ou semé de Billettes de mesme.*

Des Besans & Tourteaux.

Les Besans & les *Tourteaux* ont la figure & l'ordre du Blaſon tout pareil. Pour les diſtinguer il ſuffit d'en remarquer l'Eſmail, qui fait toute leur difference.

Les *Bezans* ſont touſiours de Metal.

Et les *Tourteaux* touſiours de couleur : voicy l'exemple des deux.

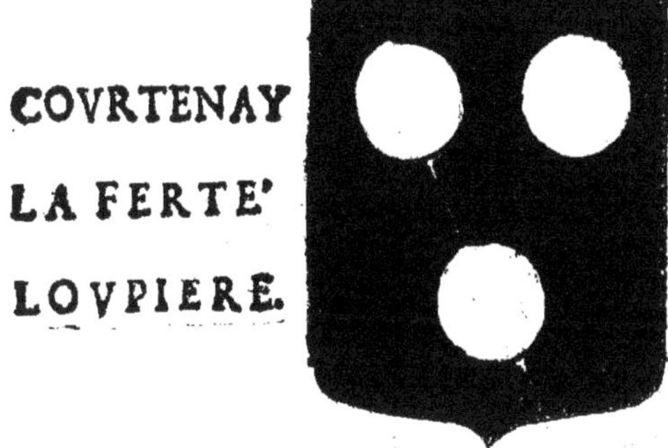

De Gueules à trois Bezans d'Or.

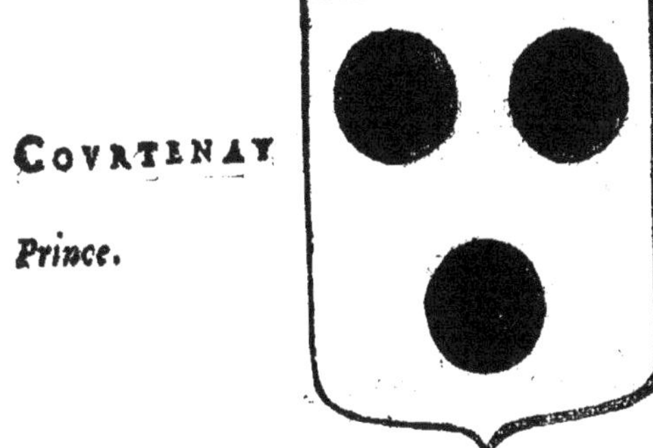

D'Or à trois Tourteaux de Gueules.

Il se peut voir des Bezans d'Hermines & de Vair, comme aux Armes de Canisy Borabonne, qui porte *De Gueules coupé d'Azur à trois Bezans d'Hermine, deux sur Gueules, & vne sur Azur.*

Pour des Tourteaux, il s'en void rarement d'autres que de couleur.

Du Gonfanon ou Gonfalon.

Le Gonfanon ou *Gonfalon* est de la façon d'vne banniere d'Eglise, que les Italiens appellent *Gonfalone*, telle qu'on la void aux Armes d'Auuergne ancien, qui sont ainsi.

AVVERGNE ANCIEN.

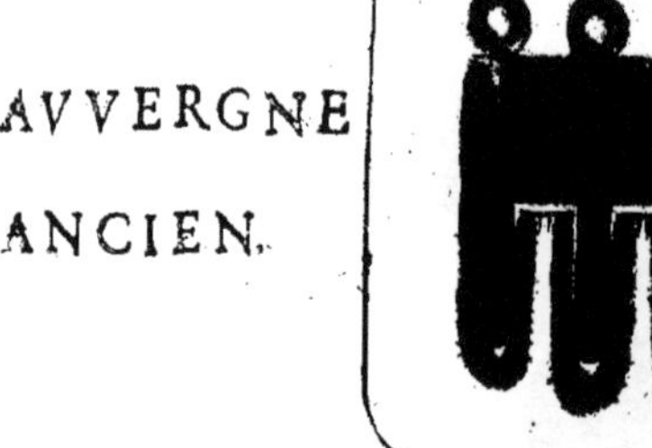

D'Or au Gonfanon de Gueules Frangé de Synople.

De

De l'Eſcarboucle.

L'Eſcarboucle ou *Rays d'Eſcarboucle*, ſont ainſi qu'vn anneau où aboutiſſent huit Farays *Pommettez* & *fleurdeliſez*, mis en Face, Pal, Bande, & Contrebande. Comme vous voyez aux Armes de Cleues, cy-deſſous.

CLEVES.

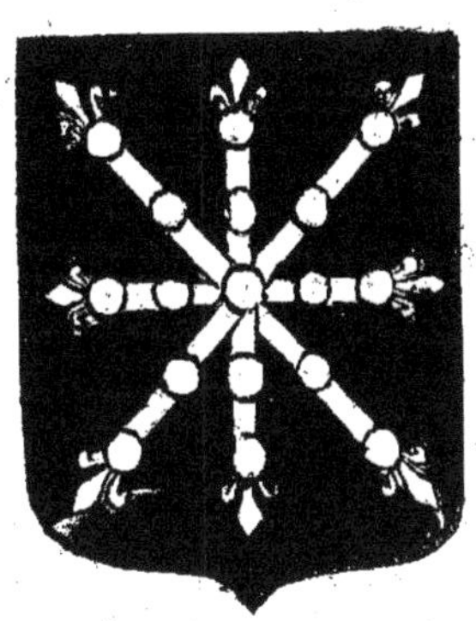

De Gueules aux Rays d'Eſcarboucle pommettez & fleuronnez d'Or.

De quelques autres Pieces.

Il y a des pieces qui ſe voyent plus rarement en Armoiries que les precedentes, qui eſtans facile de ſoy à blaſonner, n'ont pas beſoin d'vne explication ſi eſtenduë ny de demonſtration par leur figure.

Les *Hamades* ou *Hemades* ſont *Faces aliſées* ou *racourcies*, c'eſt à dire, qui ne touchent pas au bord de l'Eſcu. Lors qu'elles ſe treuuent on en ſpecifie le nombre & l'Eſmail.

Coquerelles, il en ſera parlé cy-apres en traitant des Arbres & des fruicts.

Pairle, eſt vne piece de la largeur du *Sautoir*, mouuante des deux angles & de la pointe de l'Eſcu ſe joignant au centre d'iceluy : Leur figure rapporte proprement à celle d'vn Y.

Les Eſquerres & les *Triangles* ſont faciles à connoiſtre & à Blaſonner.

Les *Potences* : Les pieces *potencées*, de meſme.

Et quelques autres, dont le Blaſon s'apprendra par l'vſage.

Du Papellonné & Decoupé.

L'Eſcu eſtant plein de pieces rondes poſées les vnes ſur les autres en liaiſon pareille à celle des eſcailles de poiſſon, eſt dit *Papelonné*.

Quelques vns tiennent que ces pieces ſont ailes de papillons & que pour cette raiſon on dit, *Papelonné* comme qui diroit *Papillonné*.

Le *Papelonné* reçoit diuerſes figures qu'il faut exprimer.

Par exemple, Fouleuſe Flauaucour, qui porte *D'Argent Papelonné à Treffles renuerſez de Gueules*.

Il ſe void auſſi des Eſcus, qu'on nomme *Decoupez*, comme aux Armes d'Anglure, qui porte, *Decoupé à triangles d'Or*

& de Gueules surſemé de Grillets d'Argent.

Ce mot *surſemé* veut dire, que les Grillets ſont moytié ſur *Or* & moytié ſur *Gueules.*

Du Brochant ſur le tout & De l'vn en l'autre.

Toute piece d'Armoirie (tant celles que nous auons expoſées que celles que nous expoſerons cy-apres) qui ſe void trauerſer & couurir les autres pieces de l'Eſcu eſt dite *Brochant ſur le tout*, comme il eſt dit cy-deſſus au Blaſon des Armes de Baulande Gourdon page 81.

Les pieces (ſoit Honorables Ordinaires ou autre, meſme les Meubles qui ſont comme Animaux, ou Aſtres & autres ſemblables) eſtant miſes ſur le trait du *Party Coupé Tranché* & *Taillé*, en ſorte que la moitié deſdites pieces de Couleur porte ſur le Metal & l'autre

tre moitié au contraire, on dit, *de l'vn en l'autre*, comme il se void en l'exemple suiuant, qui sont les Armes d'Allegrin qui porte,

De Gueules Party d'Argent à la Croix anchrée de l'vn en l'autre.

De la Pointe entée.

La pointe de l'Escu estant veuë d'vn Email differend, est dite *entée*, comme il se void par la figure suiuante.

D'Argent à la pointe entée de Sable.

MERCVRE ARMORIAL.

TROISIESME PARTIE.

Dans laquelle il eſt traitté des Meubles des Armoiries, des Briſures, & ornemens exterieures de l'Eſcu.

Ce que c'eſt que Meuble.

SOvs ce mot de *Meuble*, eſt compris tout ce qui ſe void charger, briſer & accompagner les pieces & diuiſions ſuſdites.

L'Ordre de les deduire ſeroit de commencer par les Aſtres, puis continuer par les parties ou figures humaines & traitter en ſuitte des Beſtes à quatre pieds, Oyſeaux, & Poiſſons.

Mais comme mon deſſein eſt d'inſtruire, j'ay trouué à propos de commencer cette troiſieſme & derniere partie par les Meubles les plus frequens & les plus vſitez en Armoiries, & continuer en ſuitte par ceux qui ſe voyent plus rarement.

Du Lyon & du Leopard.

Dans toutes les Armoiries, non ſeulement de France, mais de quelque Royaume ou Republique que ce ſoit, il n'y a aucun Meuble qui ſe voye plus frequemment que le Lyon & le Leopard.

Ces deux animaux ont tant de reſſemblance qu'on pourroit les confondre & prendre l'vn pour l'autre à moins que d'en obſeruer ces differences.

Le LYON eſt touſiours veu *rampant*, c'eſt à dire, ayant les pattes de de-

uant

uant eſleuées, & ſa teſte touſiours *Porſil*, ou de coſté, en ſorte qu'on ne luy void qu'vn œil & vne oreille, comme en la figure cy-apres.

D'Argent au Lyon de Gueules.

Le LEOPARD au contraire eſt touſiours *paſſant* & à la teſte de front, monſtrant deux yeux & deux oreilles. Voicy ſa figure.

D'Azur au Leopard d'Argent.

S'il ſe rencontre que le *Lyon* ſoit *paſſant*, c'eſt à dire, que ce *Lyon* (que nous auons expoſé en la page 101. dont la la teſte eſt de Porfil) ſoit veu de la meſme ſorte que le Leopard, on dit *Lyon Leopardé*. Comme voyez par ces Armes.

D'Argent au Lyon Leopardé de Gueules.

On void par cette figure que ce *Lyon Leopardé*, a vn pied leué & en poſture d'vn animal qui marche, ou qui paſſe; c'eſt pourquoy il eſt dit *Paſſant*.

Il s'en void vn autre dans les Armes de Chaſtenier La Roche-poſé, qui paroiſt comme arreſté, & qui eſt dit *poſé* par ceuxqui ont Blaſonné leſdites Armes leſquelles ils dechiffrent ainſi *D'Or au Lyon poſé de Synople.*

Le Leopard eſtant veu *Rampant*, eſt dit *Leopard lyonné*, ainſi qu'aux Armes cy-apres.

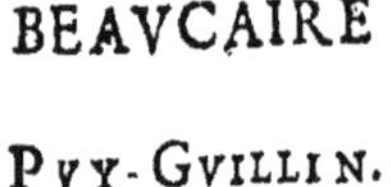
BEAVCAIRE

PVY-GVILLIN.

D'Azur au Leopard lyonné d'Or.

Voila toutes leurs differences: au reſte, ils ont le Blaſon commun & ce qui ſe peut dire de l'vn ſe peut dire auſſi de l'autre. Comme les termes ſuiuans.

Armez

Armez.	Pour exprimer L'Esmail de leurs	*Ongles ou griffes.*
Lampassez.		*Langues*
Couronnez.		*Couronnes*

La queuë noüée, fourchuë, passée en Sautoir, comme aux Armes de la Maison de Luxembourg, où le Lyon à toutes ces differences.

D'Argent au Lyon de Gueules armé lampassé & Couronné d'Or la queuë fourchuë noüée & passée en Sautoir.

Quelques vns au lieu de ces termes, *armé & lampassé*, disent simplement, *paré.*

Dd

AVTRES DIFFERENCES.

Du Lyon Issant *ou* Naissant.

Le Lyon dont on ne void que la partie d'en haut, est dit *Naissant* ou *Issant*. Vous en auez vn exemple aux Armes de la Marc Fleurenge, cy-dessous portraites.

LA MARK FLEVRENGE.

D'Or à la Face eschiquetée d'Argent & de Gueules de trois traits au Lyon naissant de Gueules.

Contournez lors qu'ils regardent le costé gauche de l'Escu.

Les differences des Lyons qui ſuiuent ſe connoiſtront par leur figure.

Lyons affrontez.

Lyons adoſſez.

Lyon à la teſte contournée.

Le Lyon qui n'eſt ny *Armé* ny *Lampaſſé* eſt dit *Morné*.

DV HALGOVET. CARGRESE. *Breton.*

D'Azur au Lyon Morné d'Or.

Il s'en void d'autres Coupez de Couleur & Metal, nous en auons vn exemple conſiderable aux Armes de Schomberg, que voicy.

SCHOMBERG.

D'Argent au Lyon Coupé de Gueules & de Synople.

Le

Les Lyons de *Fourrures* ſont auſſi en vſage dans les Armoiries : Comme eſt celuy des Armes de Chabanes qui porte.

De Gueules au Lyon d'Hermines.

Comme auſſi de Vair. Ainſi Monloir porte *De Gueules au Lyon de Vair Armé & Lampaſſé de Sable.*

Si les *Vairs* eſtoient d'autre Eſmail que de Blanc & d'Azur, on ne diroit pas *au Lyon de Vair*, mais bien au Lyon Vairé de tel & tel autre, &c.

Il ſe trouue meſme des Lyons *Facez, Pallez, Bandez* & *Barrez* de Metal & de Couleur.

L'Exemple d'vn, donnera l'intelligence des autres.

De Gueules au Lyon Facé d'Argent & d'Azur de huit pieces.

Si les *Faces* eſtoient en plus grand nombre on diroit *Burelé de tant de pieces.*

Ainſi, Baſoges porte *d'Azur au Lyon Burelé d'Argent & de Gueules.*

Ceux dont la partie de derriere finit en ſerpent ſont appellez *Dragonnez*, & ſont de cette ſorte.

BRETIGNY.

D'Or au Lyon Dragonné de Gueules couronné d'Or.

Le Lyon eſt dit *accollé*, lors qu'il a quelque collier, comme celuy qui ſe peut voir aux Armes d'Eſtouteuille, dont il y en a eu quatre qui ont eſté Preuoſts de Paris.

Ces Armes eſtoient *Facé d'Argent & de Gueules de huit pieces au Lyon de Sable Armé & accollé d'Or, brochant ſur le tout.*

Il y a vne autre difference aſſez remarquable au Lyon, lequel (ſi la partie qui le fait masle ne paroist point) est dit *Lyon sans vilennie*.

Il se trouue des *Lyonnes* qui seront aisées à connoistre & se blasonnent comme les Lyons.

Ainsi Lubrin porte *D'Argent à la Lyonne d'Azur*.

L'vsage facilitera l'intelligence des autres differences de ces Animaux.

Des Lyonceaux.

Les Lyonceaux sont apparemment plus petits que les Lyons, & different en ce que de ceux-cy, il ne s'en void gueres plus de trois, ou quatre dans vn Escu, ou quartier d'iceluy, & des Lyonceaux, il s'en void jusques à seize, mesme quelquefois l'Escu en est *semé*, qu'on dit aussi, *sans nombre*.

Comme aux Armes de Boissieu Dauphinois, qui porte *De Gueules semé de Lyonceaux d'Argent*.

De mesme

De mesme ceux qui *chargent* les Chefs, Faces, Pals, Croix & autres pieces Honorables ordinaires, sont proprement dits *Lyonceaux*, n'y ayant point d'apparence de les nommer *Lyons*, estant ainsi petits, & reduits dans la largeur desdites pieces.

A cela prés, on les blasonne quand à leur langue, griffes & autres differences, comme nous auons dit des Lyons.

Des parties du Lyon.

Les parties du Lyon, comme la teste & les pattes se voyent quelquefois separement.

Les Testes sont dites *Coupées* ou *Arrachées*.

La teste du Lyon est de Porfil, comme nous auons dit parlant du Lyon entier.

Celle du Leopard eſt de front. Voicy la figure de l'vne & de l'autre.

Teſte de Leopard.

Teſte de Lyon.

On dit *Lampaſſées*, pour exprimer la difference de leurs langues.

Celle du Leopard peut auoir quelque Anneau ou Boucle dans la gueule, en ce cas on dit bouclée de tel, &c.

Les pattes ſe peuuent mettre en *Face Pal*, *Bande*, *Barre*, *Sautoir*, *&c.*

Patte de Lyon miſe en Barre.

Si leur griffes ſont de couleur differente du reſte, on dit *Armée de*, *&c.*

Du Cerf.

LE CERF en Armoiries n'est iamais veu de front, mais de costé, autrement, de Porfil, ce qui fait qu'on ne luy void qu'vn œil, & le Bois entier.

Ils sont, *passans* ou *courans* & tres-rarement *rampans*, estant vne maxime du Blason que les Animaux qui ont des griffes peuuent estre mis *rampans*, & ceux qui ont le pied de corne rond ou & fourchu, *passans* ou *courans*.

Pour exprimer l'Esmail de son bois on dit *Ramé de, &c.*

Pour la corne ou ongle du pied, on dit *Onglé*.

BVSSY
BOIS-CERVOISE.

D'Azur au Cerf d'Or ramé & onglé de mesme

Quel-

Quelques vns plus exacts ſpecifieroient le nombre des Cors dont la Teſte, ou le Bois du Cerf eſt composé & diroient, *d'Azur au Cerf d'Or onglé & sommè de ſept Cors de meſme.*

Eſtant veu de la Couleur ordinaire de ſon poil, il eſt dit *au naturel.*

LE DAIM eſt connoiſſable, en ce qu'il eſt plus petit & que ſon Bois eſt plus large & plus plat que celuy du Cerf, comme la figure de ſa Teſte, cy-apres miſe, fera voir.

Au reſte, il a toutes ſes differences communes auec le Cerf.

Les Cerfs ou Daims ſe voyent quelquefois couchez, qu'on dit en terme de Blaſon, *Au Cerf giſſant* ou *giſant.*

Les Teſtes de ces Animaux eſtant veuës ſeparément ſont pour l'ordinaire de front.

On Blaſonne leurs Cors de la meſme façon que nous auons dit du Cerf entier.

Si leur langue paroiſt, on adjouſte ce mot *Lampaſſé*.

La diuerſité de leur Bois fera diſcerner le Cerf d'auec le Daim. Voicy la figure de leurs Teſtes.

D'Or à la Teſte de Cerf d'Argent, ſommée de ſix Cors de Gueules.

D'Azur à la Teſte de Daim d'Argent ramée d'Or.

Par ces figures vous remarquerez la difference de ces termes *Sommé* & *Ramé*, qui est que lors qu'on ſpecifie le nombre des Cors dont le Bois de l'Animal eſt composé, on dit *ſommé de tant*, &c. ſinon on dit ſimplement *ramé*.

Les Bois de cet Animal ſe voient auſſi ſeparez de la Teſte.

Ainſi Platecorne porte *D'Argent à trois Bois de Cerf de Sable. 2. & 1.* *

La moitié de leurs Bois eſtant ſeule, eſt miſe en Face, Pal, Bande, &c.

Ce qu'il faut exprimer.

* Par tout où vous verrez ces chiffres 2 & 1. il faut entendre que c'eſt *deux en Chef & vn en pointe*.

D'Argent au Demy Bois de Cerf d'Azur.

Du Sanglier.

Cét Animal est tousiours *passant*, & pour l'ordinaire de Sable, rarement d'autre Esmail.

Pour ses differences on se sert de ces termes.

Onglé ou *armé*, pour exprimer la difference de leurs pieds ou ongles.

Aux deffences ou *deffendu d'Argent*, c'est à dire, ayant les deffences (qui sont les deux dents crochuës & longues dont ils se deffendent) de ce Metal *Miraillée de, &c.* ayant les yeux de, &c.

La *Lée* ou *Laye* est la femelle de cét Animal, qui reçoit les mesmes differences

Ces Layes sont quelquefois accompagnées de *Marcassins*, qui sont connoissables par leur petitesse.

Leurs Testes sont nommées Hures, au reste on se sert des mesmes termes

termes que à l'Animal entier.

Le Porc ou *Pourceau* n'eſt pas beaucoup vſité en Armoiries, toutefois il s'en void vn aux Armes de l'Ancienne & tres-Noble Maiſon des Porcelets en Prouence, qui portent *D'Or au Pourceau paſſant de Sable.*

Cét Animal n'a point *de deffences* & c'eſt la ſeule difference qu'il a d'auec le *Sanglier.*

Des Bœufs, Vaches & Taureaux.

Les Bœufs & Taureaux ſont *paſſants, effrayez* ou *effarouchez*, qui eſt de la meſme ſorte & poſture que s'ils eſtoient *rampans*, qui eſt vn terme qui n'eſt propre qu'aux Animaux qui ont des griffes, comme il eſt dit cy-deſſus.

Molitard porte de *Gueules au Taureau paſſant d'Or.*

Berthier *d'Azur au Bœuf effrayé d'Or*

marqué ou chargé de cinq estoiles d'Or, vne au front & 4 sur le Corps.

Les autres differences sont communes auec celles de la Vache, lesquelles on specifie par ces termes,

Onglée	pour exprimer la difference	*De ses ongles ou pieds.*
Acornée		*De ses cornes.*
Acollée		*Du collier où pend le clarin.*
Clarinée		*Du clarin ou sonnette qu'elle a au col.*

Voyez la figure suiuante où sont toutes ces differences.

D'Or à la Vache passant de Gueules, onglée & accornée de Sable, acollée & clarinée d'Azur.

On Blasonne ainsi celle des Armes de Madron, qui est le quartier maternel de celles de Fieubet, en adjoustant le *Chef d'Azur chargé de trois estoiles d'Or.*

La Vache est tousiours *passante*, & iamais *effrayée* ny *effarouchée.*

Les Testes de ces Animaux estans mises separément, sont de front & n'ont aucune difference particuliere.

Du Cheual.

Le Cheual nud, sans bride ny licol est dit *Gay*.

Pour exprimer la difference de son œil on dit *animé*.

Armé c'est le pied que la nature luy a donné pour se deffendre

Lors qu'il a le deuant esleué, on dit, *Cabré* ou *effrayé*, & non pas *rampant*, comme blasonnent tres-mal ceux qui vsent de ce terme.

Bardez, *Houßiez* & *Caparasonnez*, sont

des termes qui parlent assez, & par le son desquels on peut entendre ce qu'ils denotent.

Leurs Testes se voyent aussi separément.

Ainsi la Croix S. Vallier porte *d'Azur à la Teste de Cheual d'Or au Chef de Gueules chargé de trois Croisettes d'Argent.*

Des Chiens.

Tous Chiens de quelque espece qu'ils soient, se peuuent mettre en Armoiries.

Les plus vsitez, sont les Levriers & Levrettes.

Ils sont *passans* ou *courans*, quelquefois *assis sur leur queuë* & *aboyans*.

Pour exprimer la diuersité d'Esmail de leurs Colliers on dit *acollé*, ou pour mieux dire *Colleté de*, &c.

Il se trouue vn Exemple de cecy aux Armes de Canillac depeintes en la page suiuante.

CANILLAC.

D'Argent au Levrier rampant de Sable Colleté d'Or.

En cas qu'il paroiſſe des teſtes de cloux ſur le collier on dit *Cloüé de*, *&c.*

Les Maſtins ſont aiſez à diſcerner des Levriers & Levrettes, quoy qu'ils ſe blaſonnent de meſme.

Des Barres porte *d'Azur au Maſtin d'Argent Colleté de Gueules aboyant à trois eſtoiles d'Or vers le franc canton.*

Les Braques n'ont rien de particulier que leur taille, eſtans plus alongez que les Maſtins & moins deſchargez que les Levriers, comme celuy des

Armes de Brachet Orleanois, qui porte *De Gueules au Chien braque aſſis ſur ſa queuë d'Argent*, à la diſtinction de Brachet Peruſe, qui porte *d'Azur à deux Chiens braques paſſans d'Argent*, toutes ces deux ſont Armes parlantes.

Le R. P. Gouſſencourt Celeſtin dans la Branche Genealogique qu'il a dreſſée de la Maiſon de la Fontaine, Blaſonnant les Armes d'vne Françoiſe Brachet, ayeule maternelle de Marie de Conty, Eſpouſe de Philippes de la Fontaine, les met ainſi. *D'Or au Chien Braque couché d'Azur*; En effet, ce Chien paroiſt comme dormant, ie veux croire qu'elles ſont ainſi, mais eſtant natif de la ville d'où cette Maiſon eſt originaire, & où elle fleurit encores, ie puis teſmoigner auoir touſiours veu en diuers lieux ces Armes Blaſonnées ainſi que i'ay dit cy-deſſus, & iamais autrement.

Les Limiers & autres ſeront faciles à

blasonner suiuant ces exemples, en adjoustant ces mots de *Armez & Lampassez*, en cas de diuersité d'Esmail de leurs langues & griffes.

Ce qui se doit obseruer en pareil cas, en blasonnant toutes sortes d'Animaux à quatre pieds.

Des autres Animaux à quatre pieds en general.

Sur ce que nous auons dit cy-dessus des Animaux dont nous auons traicté en détail, on peut mouler le Blason des autres, des principaux desquels nous mettrons icy le Blason, comme il se trouue dans des Armes assez notables en France.

Aigneaux.

SEGVIER D'Azur au Cheuron d'Or accompagné de deux estoiles d'Or en Chef & d'vn *Aigneau* passant en pointe d'Argent

Boucs.

BOVC DV GAVRE. De Gueules à deux *Boucs* d'Argent armez d'Or.

Chats.

AV CHAT DV PLESSIS BRETON. De Sable au *Chat* effrayé d'Argent.

LACHETARDIE. D'Azur à deux *Chats* passans d'Argent.

Escurieul.

FOVQVET D'Argent *à l'Ecurieul* rampant de Gueules à la Bordure semée de France (c'est à dire) d'Azur semée de fleurs de lys d'Or.

Fouyne.

DE FAY Marquis DE PERAVLT. De Gueules à la Bande d'Or chargé d'vne *Fouyne* d'Azur.

Herisson.

ARIOLE De Gueules a vn *Herisson* en deffence * d'Or.

* Ce mot en deffence signifie

Loup

Loup & Louue.

LE LOVP BELLENAVE. D'Azur *au Loup* passant d'Or.

LES COMTES DE LOVVAIN. D'Azur à la Face en deuise d'Or à la *Louue* passante de mesme.

roulé & en peloton, ainsi qu'il a accoustume de se mettre pour euiter d'estre pris.

Lapins.

AYDIE' DE RIBERAC. De Gueules à 4 *Lapins* d'Argent mis l'vn sur l'autre.

Liéure.

BEYNAC. De Gueules au *Liéure* rampant d'Argent.

Licorne & sa Teste.

BENARD MOMBIZE. D'Azur à la *Licorne* passante d'Argent.

FAY D'E'PAISSES. D'Argent à la Bande d'Azur chargée de trois Testes *de Licorne* d'Or.

Moutons.

D'O VERRIGNY. De Gueules à trois *Moutons* d'Argent.

Ours.

ALBES. D'Or à *L'Ours* rampant de Gueules.

BONNIN MONTREVIL. D'Argent à trois *Testes d'Ours* musclées & bouclées d'Or.

Porc-Espic.

MAVPEOV D'ABLEGES. D'Azur au *Porc-Espic* d'Or miraillé d'Argent.

Ranchers. *

* Ces Rãchers sõt moutõs, ou pour mieux dire, Beliers.

ARQVIEN MALIGNY. D'Azur à trois *Ranchers* d'Or.

Renards.

LA GOVPELIERE. D'Argent à trois *Renards* d'Azur.

DES OYSEAVX.

Apres auoir traicté des Animaux à quatre pieds, il ſuit de parler des Oyſeaux qui ſe peuuent voir en Armoiries & de leur Blaſon particulier.

De l'Aigle.

Comme l'Aigle eſt le plus noble de tous les Oyſeaux, auſſi eſt-il le plus frequent & vſité dans les Armes des Nobles Maiſons. Il a ces differences de Blaſon.

Lors qui'l a deux teſtes & les aiſles eſtenduës; il eſt dit *eſployé*.

Celuy qui a les jambes & pieds d'Eſmail differend du reſte, eſt dit *Membré de*, &c.

Becqué pour la difference de ſon bec.

Couronné; Ce terme s'entend aſſez.

Diadeſmé; C'eſt lors que ſur chacune de ſes teſtes, il a vne maniere de cercle qui se nomme proprement Diadesme.

Toutes ces differences, à la reserue de la derniere, se trouuent à l'Aigle de l'Empire qui porte ainsi.

L'EMPIRE.

D'Or à l'Aigle esployé de Sable Membré Becqué & couronné de Gueules chargé en cœur d'vn Ecusson d'Argent.

Ces Armes sont communes à tous les Empereurs, & pour distinction chacun d'eux pose dans cét Ecusson en cœur, les Armes particulieres de sa Maison.

L'Aigle qui n'a qu'vne teste n'est pas dit *esployé*, au reste il a toutes les au-

tres

tres differences de l'Aigle de l'Empire.

Lors qu'il n'y a que sa partie superieure qui paroist, il est dit *naissant*.

Les *Aiglettes* sont plus petites, & se mettent en nombre, c'est à dire, qu'il s'en void plusieurs en vn Escu.

La Trimoüille porte *d'Or au Cheuron de Gueules acompagné de trois Aiglettes d'Azur.*

Les *Allerions*, dans les anciens autheurs, *Alelyons*, sont *Aiglettes* qui n'ont ny bec ny jambes : comme leur figure fait voir.

D'Or à la Bande de Gueules chargée de trois Allerions d'Argent.

La Maiſon de Montmorancy, Laual, Neelle, Pacy Laual, Boisdauphin & autres, portent *d'Or à la Croix de Gueules cantonnée de ſeize allerions d'Azur* auec differentes briſures dont ſera parlé à la fin de cette troiſieſme partie.

Des Canettes & Merlettes.

Les *Canettes* en Armoiries n'ont ny bec ny pieds, & ſe voyent de Porfil, comme elles ſont cy-deſſous portraites.

POYANE.

D'Azur à trois Canettes d'Argent.

Les *Merlettes* ſont plus petites & plus racourcies, elles n'ont pareillement ny bec ny pieds.

DE REBE'.

D'Or à trois Merlettes de Sable deux en Chef & vne en pointe.

Des Oyſeaux de leurre & de poing.

Les Oyſeaux de proye comme Faulcons, Eſperuiers, Autours, Laniers, & autres Oyſeaux de Fauconnerie ſe connoiſtrõt par les Longes, Chaperons, Grillets, Perches & autres choſes ſemblables qui ne ſe voyent point qu'à cette eſpece d'oyſeaux & pour leſquelles exprimer on vſe de ces termes.

Lié ou *aux Longes*. *Chapperonné*. *Grillettè*. *Perché*.	de tel Metal ou Couleur.

Membrè & *Becquè* ce ſont termes qui ſe diſent touſiours des Oyſeaux qui ont les pieds & le bec differens du corps.

La pluſpart de ces termes ſe trouuent en l'exemple qui ſuit.

D'Argent à l'Eſperuier d'Azur Membrè & Becquè d'Or, chapperonné, Grilleté & aux Longes de Gueules.

Si

Si ils ont les aisles estenduës on adjouste *à vol estendu*. Ainsi Leaumont Puy-Gaillard porte *d'Azur à l'Esperuier à vol estendu Perché, Lié & Grilleté* de mesme.

DV COQ.

Le *Coq* (ainsi que tous les autres Oyseaux qui ont les pieds & le bec differens) est dit *Membré* & *Becqué*, il a encore ces deux termes qui luy sont particuliers *Crestez* & *Barbelez*, que la figure explique assez.

L'HOSPITAL
Marquis
DE CHOISY.

De Gueules au Coq d'Argent, Membré, Becqué, Cresté & Barbelé d'Or.

Tous les Oyſeaux cy-deſſus & tous ceux qui ſe voyent en Armoiries ſe blaſonnent ſuiuant ce qui a eſté dit.

Les autres differences ſe pourront voir par le Blaſon de quelques Armes où il ſe trouue des Oyſeaux que nous auons icy adjouſtées pour cét effet.

Cygnes.

MORAND D'INTERVILLE* & CROSNE CHALIGAVT. D'Azur à trois *Cygnes* d'Argent 2. & 1.

*On tiẽt qu'aux Armes de Morand ce ſont 3. *Cormorans* & non pas 3. *Cygnes*.

Corneilles & Corbins.

BRASSAC. D'Or à trois *Corneilles* de Sable Becquées de Gueules.

LAVEDAN. D'Argent à trois *Corbins* de Sable.

Cailles.

CAILLARVILLE. D'Argent au Cheuron de Gueules acompagné des trois *Cailles* de Sable.

Cycoigne.

L'AVTHEVR de ce Traité. D'Azur à la *Cicoigne* au pied leué d'Argent dans des ondes de mesme membré & Becquée de Gueules portant au bec vn Lezard de Synople.

Oyes & pieds.

CVDOE'. D'Azur à trois *Oyes* d'Or.

BVADE FRONTENAC. D'Azur à trois *pieds d'Oyes* d'Or.

Phœnix.

FENIX LIMOSIN. D'Azur au Phœnix d'Or regardant vn Soleil en chef & soustenu d'vn feu de mesme.

Pelican.

LE CAMVS. D'Argent au *Pelican* de Gueules au Chef d'Azur chargé d'vne fleur de lys d'Or.

Paon.

S. PAVL DE RICAVLT. D'Azur au *Paon* Rouant * d'Or.

* *Rouant* ayant ses plumes de la queuë estalées que le vulgaire appelle *faisant la Roüe.*

Perroquet.

PARISOT LA VALLETTE CORNVSSON. De Gueules au *Perroquet* d'Argent, party de Gueules au Lyon d'Or

Perdrix.

BADRAN. D'Azur au Cheuron d'Argent acompagné de deux *Perdrix* affrontées d'Or en Chef & d'vne estoile de mesme en pointe.

Pigeons.

LE BRETON LA DIVERTERIE ROY D'ARMES DE FRANCE.. D'Argent à deux *Colombes* affrontées d'Or en Chef & d'vne autre de mesme en pointe, à l'estoile d'or en cœur, au Chef d'Argent chargé d'vn Lyon naissant de Gueules.

Tourterelles.

BELLANGVE TOVRNEVILLE. De Gueules à trois *Tourterelles* d'Argent l'Escu semé de Croix recroisettées au pied fiché de mesme.

DV VOL.

Deux Aiſles d'Oyſeau eſtant veuës ſans luy, ſont nommées *Vol.*

D'Azur au Vol D'Or.

Il s'en trouue aux Armes de Doriole Chancelier de France ſous Charles 8. enuiron l'an 1588, ainſi blaſonnées par le Feron. *D'Azur à la Face ondée d'Argent acompagnée de trois Vols d'Or liez de meſme.*

L'Aisle seule est appellée *Demy-vol.*

GOBELIN.

D'Azur au Cheuron d'Argent acompagné de deux estoiles d'Or en Chef & d'vn demy-vol de mesme en pointe.

Pour trois Aisles on dit *trois demy-vols.* Ainsi Docteuille porte *d'Argent à trois demy-vols de Gueules.*

Du Griffon.

Le Griffon a le deuant d'Aigle & le derriere de Lyon, ſes differences ſe blaſonnent comme celles de ces deux Animaux. Sa figure eſt ainſi.

LA MVSSE BRVLON.

D'Argent au Griffon de Sable.

Des Serpens, Dragons & des Inſectes.

Les Serpens & autres animaux ambiuies ſont dits *Lampaſſez & allumez* pour la difference de leurs langues & de leurs yeux, & ſont mis en *Pal*, *Face*, *Bande*, *Croix*, *&c.*

Adoſſez, *Affrontez*, *mordans leurs queuës* & autres differentes ſcituations qui ſont faciles à Blaſonner.

Le Serpent qui ſe void aux Armes de Milan eſt appellé *Guyure*, par aucuns *Biſſe*, & l'Enfant qui luy ſort de la gueule eſt nommé *L'Iſſant*, qui eſt autant à dire que *Sortant*, ce mot eſtant le participe du verbe *iſſir*, qui eſt vn vieux mot qui ſignifie *ſortir*. On Blaſonne ainſi les Armes de Milan, que Monſieur de Mombazon porte ſur le tout des alliances de Rohan, Nauarre & Evreux, *d'Argent à la Guyure d'Azur miſe en Pal Couronnée d'Or l'Iſſant de Gueules.*

Les Dragons reçoiuent les meſmes termes de Blaſon. Vous auez leur figure aux Armes de Baillet cy-deſſus, page 67.

Le Blaſon des autres, tant Dragons, Serpens, qu'autres reptiles & Inſectes s'aps'apprendra par vſage & par les Exemples ſuiuans.

Serpens.

DV REFVGE. D'Argent à la Face de Gueules de deux pieces, à deux *Serpens* affrontez d'Azur brochans ſur le tout.

Dragons.

Voyez les Armes de Baillet cy-deſſus, page 67.

Hydre.

IOYEVSE Pallé d'Or & d'Azur de ſix pieces au Chef de Gueules chargé de trois *Hydres* * d'Or., Eſcartellé d'Azur au Lyon d'Argent à la bordure de Gueules chargée de huit Fleurs de lys d'Or.

* Monſtre à 7. teſtes.

Lezards.

LE TELLIER. D'Azur à trois *Lezards* d'Argent mis en Pal 2 & 1, au Chef couſu de Gueules chargé de trois eſtoiles d'Or.

IOSSIER. De Gueules à la Tour d'Argent acoſtée deux *Lezards* d'Or mis en Pal la teſte en bas.

Couleuure.

COLBERT. D'Azur à la *Couleuure* d'Argent mise en Pal.

DES INSECTES.

Les Abeilles & Mouches n'ont rien de particulier, & sont faciles à connoistre.

BARBERIN dont VRBAIN VIII. Portoit d'Azur à trois *Abeilles* d'Or.

DE THOV. D'Argent au Cheuron de Sable acompagné de trois *Mouches* ou *Tahons* de mesme.

Les Papillons peuuent estre veus *volans*, ou *passans*. Voicy la figure de l'vn & de l'autre.

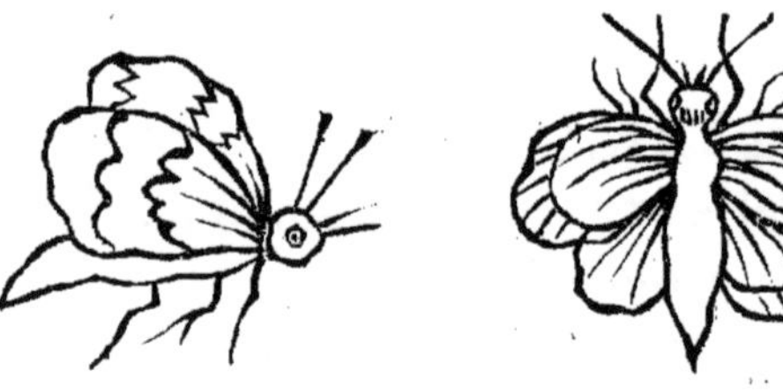

Papillon passant. *Papillon vollant.*

Les marques rondes de leurs aiſles eſtans d'Eſmail differend du reſte on dit *Miraillé*. Voila ce qu'ils ont de particulier.

BORRIN LA GALLISSONNIERE. D'Azur au *Papillon* volant d'Or.

Sauterelles.

BERARD. D'Argent à la Face de Gueules chargée de trois Treffles d'Or, acompagnée de trois *Sauterelles* de Synople, deux en Chef & vne en pointe.

Limaçons.

ALESSO. D'Azur au Sautoir d'Or acompagné de quatre *Limaçons* d'Argent.

DES POISSONS.

Les Poiſſons ſont faciles à connoiſtre & à Blaſonner, leur difference plus remarquable eſtant en leur ſcituation & diſpoſition qui peut eſtre en *Pal*, *Face*, *Bande*, *Barre*, *Sautoir*, *&c.*

Pour la difference de l'Oeil on dit *Miraillé* ou *allumé*. *Au naturelle*, c'eſt de leur Couleur naturelle.

Les Dauphins & les Bars ont quelques obſeruations plus particulieres.

Du Dauphin.

Le Dauphin eſt ordinairement mis ainſi qu'il eſt en la figure ſuiuante, s'il eſtoit tourné au contraire, on diroit *Conturné.*

Il y en a de deux ſortes *Vif* & *Paſmé.*

Le *Vif*, eſt celuy à qui on void vn œil, des dents en la gueule & les *Barbes*, *Creſtes & Aureilles* d'Eſmail differend, com-

comme eſt celuy des Armes de Dauphiné, dont les premiers fils de France eſcartellent leurs Armes, qui eſt ainſi.

DAVPHINE'.

D'Or au Dauphin d'Azur Creſté Barbelé & Oreillé de Gueules.

Celuy qui eſt d'vn ſeul Email, ſans œil ny dents eſt dit *Paſmé*, ce qui fait la difference de celuy des Armes de Dauphiné cy-deſſus auec celuy des Dauphins d'Auuergne qui portent *D'Or au Dauphin paſmé d'Azur.*

Dauphin de Foreſt porte. *De Gueules au Dauphin d'Or Creſté Barbelé & Oreillé de meſme.*

DES BARS.

Les *Bars* ſont Poiſſons nommez vulgairement Barbeaux, qui ſe mettent ordinairement au nombre de deux & *adoſſez*, de la ſorte qu'ils ſe voyent aux Armes de Neelle cy-deſſous.

CLERMONT NEELLE.

De Gueules ſemé de Treſles d'Or à deux Bars adoſſez de meſme.

Clermont en Beauuoiſis *de Gueules à deux Bars adoſſez d'Or, l'Eſcu ſemé de Croix recroiſetées au pied fiché de meſme.*

BAR Duché *d'Azur à deux Bars Adoſſez*

d'Or l'Escu semé de Croix recroisettées au pied fiché de mesme.

Voicy le Blason de quelques Armes où il se trouue des Poissons.

DE L'ESTANG. D'Azur à deux *Poissons* d'Argent mis en Face.

Anguille.

BRETEIL GREMONVILLE. D'Argent au Cheuron de Sable acompagné de trois molettes de mesme au Chef du Gueules chargé d'vne *Anguille* d'Argent mise en Face ondée.

Chabots.

CHABOT, IARNAC. D'Or à trois *Chabots* de Gueules mis en Pal 2. & 1.

Brochet.

FONTENAY DE LVC. VENDOMOIS. D'Azur au *Brochet* d'Argent mis en Face surmonté d'vne estoile d'Or en Chef.

Ecreuisse.

THIARD DE BISSY. D'Or à trois *Ecreuisses* de Gueules mises en Pal.

Tanches.

TANQVES. D'Or à trois *Tanches* de Gueules mises en Pal.

Des Arbres, Fruits, Fleurs, Herbes & Legumes.

Les Arbres ſe connoiſſent par leur fruict, ceux qui n'en ont point ſont dits ſimplement *Arbres.*

Ainſi que celuy de Lomenie La Ville-aux clers, qui porte *D'Or à l'Arbre de Synople, ſa racine chargée d'vn Tourteau de Sable.*

Pour exprimer la diuerſité de ſon fruict on dit par exemple *de &c. au Poirier de Synople ſon fruict d'Or.*

Quelquefois on vſe de ce mot *Chargé.* Ainſi Le Hirel dont feu le Mareſchal de Guebriant, portoit ſur le tout de ſes alliances *D'Argent au Pin de Synople chargé de deux pommes d'Or, le tronc acoſté de deux Fleurs de lys de Gueules.*

Le Cheſne a ce terme particulier *Englanté* pour le Blaſon de ſon fruict.

Ainſi Du Cheſne Prouençal porte *D'Azur au Cheſne englanté d'Or, au Chef d'Argent d'Argent chargé de trois estoiles de Gueules.*

Aux raisins on dit *Pampré.*

Ainsi Ollier porte *d'Or au Cheuron de Gueules la pointe chargée d'vn Croissant montant d'Or surmonté d'vn Besan de mesme, acompagné de trois grappes de raisin d'Azur pamprées de Synople.*

Si les branches de l'Arbre sont en nombre certain & pair & qu'elles se voyent croisées & enlacées , on adjouste ces mots, *aux Rainceaux passez en Sautoir*

Il se void des Forests en Armoiries qu'on dit *Fustées* pour Blasonner l'Esmail different des troncs d'Arbres qui les composent.

Le Crequier est vn Arbre qui se trouue dans les Armes de Crequy d'vne figure assez extrordinaire , comme l'Exemple cy-apres fera voir.

Ce *Crequier* est vne espece de Prunier sauuage , dont le fruit en langage Picard se nomme *Creques* & dans le vray patois *Fourderaines*: Voicy comme il eſt peint d'ordinaire & comme il ſe Blaſonne.

CREQVY.

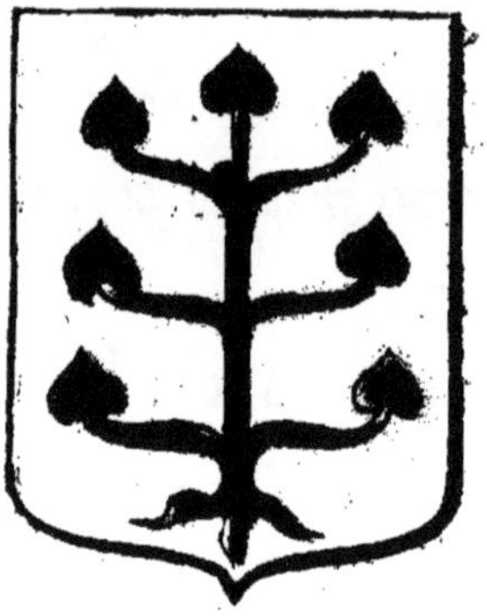

D'Or au Crequier de Gueules.

Des fruits.

Les Fruits de quelque Arbre que ce ſoit, ayans quelque feüille ad'herente, ſont dits *Feüillez*.

Ainſi Grenade Royaume porte *D'Or à la Grenade de Gueules feuillée de Synople.*

Les Pommes de Pin ayant leur pointe en haut ſont dites *renuerſées*.

Des Fleurs.

Toutes les Fleurs ſont dites *ſouſte-nuës* pour exprimer & ſpecifier cette partie de Branche ou de tige où elles ſont attachées.

La *Roſe* eſt dite *pointée*, pour la diuerſité d'Eſmail des petites feüilles ou pointes qui paroiſſent deſſous & joignant cette fleur.

Boutonnée en cas que le cœur de la Roſe (qui paroiſt touſiours en Armoiries eſpanoüie & ouuerte) ſoit de Couleur ou Metal differend du reſte.

Le Feron dans le Catalogue des Chanceliers de France imprimé l'an 1598. Blaſonne ainſi les Armes Des Vrſins de Traynel. *Bandé d'Argent & de Gueules au Chef d'Argent chargé d'vne Roſe de Gueules pommettée d'Or, ſouſtenu de meſme.*

Depuis ils y ont adjouſté *Le filet de Sable en onde ſur l'Or.*

Ce mot *ſouſtenu* ſe refere au Chef & non pas à la Roſe.

Les Feüilles tant des fleurs que des Arbres & Arbriſſeaux ſe mettent ſeparément, & ſuffit en les Blaſonnant d'obſeruer leur nombre & ſcituation.

Ainſi La Vieuuille, ſur le tout des alliances de La Vieuuille des Pays-bas & d'O, porte *d'Argent à ſept Feuilles de Houx d'Azur* 3. 3. 3. 1.

Les *Trefles* ſont fort communs. Vous en auez la figure aux Armes de Clermont Neelle cy-deſſus peintes & Blaſonnées, page 150.

Les *Trefles* qui n'ont point de queuë ſont nommez *Tiercefeuilles*, qui ſont aſſez rares

Les *Quarte-feuilles* de meſme, à la reſerue de ce qu'elles ont quatre feü les & vne façon de cœur au milieu.

Ainſi Phelipeaux porte *d'Azur ſemé de Quarte-feuilles d'Or, au canton d'Hermines, eſ-*

carte

cartelé d'Argent à trois Lezars de Synople mis en Pal 2. & 1.

Ces *Quarte-feuilles* sont par aucuns nommez *Baßinets.*

La *Quinte-feuille*, est de cinq feüilles & est vuidée en cœur.

BREAUTE' porte *D'Or à la Quinte-feüille de Gueules.*

Des Fleurs de lys.

Les Fleurs de Lys sont les pieces les plus nobles de toutes celles qui se voyent aux Amoiries de ce Royaume, ce qui les rend assez connuës.

Les Roys de France portent. *D'Azur à trois Fleurs de Lys d'Or*, en Blasonnant on dit simplement *De France.*

De mesme si l'Escu est *d'Azur semé de Fleurs de lys d'Or* on dit *semé de France.*

Aux *Fleurs de Lys* qui semblent estre coupées & dont la partie du bas ne paroist point, on adiouste ce mot *au pied nourry.*

Ainsi VIGNANCOVRT porte *d'Ar-*

gent à trois Fleurs de Lys au pied nourry de Gueules.

Les *Fleurs de Lys* peintes au naturel, ſont nommées *Lys de Iardin.*

Ainſi RIEVX LA IVGIE porte. *D'Or au Lys de Iardin de Gueules.*

Des Coquerelles.

Aucuns tiennent que ce ſont *Oignons de fleurs.* Les autres des *Noiſettes en fourreau*: C'eſt à dire, ainſi qu'on les void dans leur verdeur, & non encore meures.

Il s'en trouue aux Armes de Huault Mont-magny, qui porte *D'Or à la Face en deuiſe d'Azur chargée de trois molettes d'Or, acompagnée de trois Coquerelles de Gueules* 2. & 1.

Voila les principales differences des Plantes & de leur dependances qui ſe trouuent ordinairement dans les Armoiries; I'ay trouué à propos d'adjouſter le Blaſon des Armes ſuiuantes pour remarquer les autres termes dont on vſe dans le rencontre de celles où il ſe trouue des Arbres Fleurs & autres choſes ſemblables.

Ancolies.

BOTEREL D'APIGNY EN BRETAGNE. D'Argent ſemé *d'Ancolies* d'Azur.

Aubifoings par aucuns *Bluets.*

VALEE DE CHENAILLES. Eſcartelé, au premier d'Or à 3. *Bluets* ou *fleurs d'Aubifoings* d'Azur 2. & 1. Au 2. d'Azur au Heaume d'Argent, au 3. d'Or à 3. Beſans de Gueules 2. & 1. au 4. & dernier d'Argent à trois Trefles de Synople 2. & 1.

Belueder.

DE LAFFEMAS. Gueules au *Belueder* d'Or.

Chardons.

CARDON. D'Argent à trois *Chardons* de Synople fleuris (*C'eſt à dire, ayant la fleur*) d'Azur.

Choux.

HVGVES DE ROVCY, DV BOS. De Gueules au *Chou* d'Or.

Fougere.

ANTIOCHE. D'Argent à la branche *Fougere* de Synople noüée d'Or mise en Pal la pointe en bas.

Gerbes.

SEVIN DE MYRAMION. D'Azur à la *Gerbe* d'Or.

Le lien estant d'vn autre Couleur on dit *Liée.*

Hayes.

DES HAYES D'Azur à trois *Hayes* d'Or mises en Face.

Myrthe.

FITES DE SOVCY. D'Azur à la Branche de *Myrthe* d'Or mise en Bande, escartelé de Sable.

Oze-

Ozeraye.

LOSIERES. D'Argent à vne *Ozeraye* de Synople.

Persil.

CLAPISSON. D'Or au Lyon de Sable acompagné de trois feüilles de *Persil* de Synople 2. & 1.

Poires.

DV PERRENO BRETON. D'Azur à la Fleur de Lys d'Argent acompagnée de trois *Poires* d'Or 2. & 1.

Soucy.

LE MAISTRE. D'Azur à trois *Soucis* d'Or.

Vigne.

VIGNOLES. De Sable au Sep de *Vigne* d'Argent.

Vesse.

LA BOVRDAISIERE BABOV. D'Argent au bras de Gueules sortant d'vn nuage d'Azur tenant vne poignée de *Vesse* en Rameau de Synople, escartelée de Synople au Pal d'Argent, party de Gueules au Pal d'Argent.

DES ASTRES.

Sous ce mot *d'Aſtre*, i'entends comprendre toutes les choſes Celeſtes & qui paroiſſent au deſſus de nous.

Du Soleil.

LE SOLEIL Se connoiſt aſſez. Il a pour l'ordinaire douze rayons dont les vns ſont droits les autres en onde.

Son Eſmail ordinaire eſt de Metal & le plus ſouuent d'Or, quelquefois d'Argent.

Celuy qui ſe void de Couleur eſt dit proprement *Ombre de Soleil.*

Ainſi HVRAVLT CHIVERNY porte *D'Or à la Croix d'Azur acompagnée de quatre ombre de Soleil de Gueules.*

Du Iour *De Gueules à deux Pals d'Or, eſcartellé d'Or à l'ombre d'vn Soleil de Gueules.*

De la Lune & des Croiſſans.

LA LVNE, ſe void rarement en ſon plain.

Pour les *Croissans*, ils se voyent assez frequemment, estans les meubles les plus vsitez en Armoiries.

Leur principale difference est en leur disposition, qui est de toutes ces sortes.

Il s'en void de *Vair* & de *Vairez*, comme celuy des Armes de Maure, qui porte *De Gueules au Croiſſant montant de Vair.*

De meſme il s'en void *d'Hermines*, du nombre deſquels n'eſt pas celuy des Armes de la Porte de Veſins, dont eſt Monſieur le grand Maiſtre d'apreſent, qui porte *De Gueules au Croiſſant montant d'Argent chargé de cinq Hermines de Sable*, & non pas *au Croiſſant d'Hermines.*

Ce qui fait voir que les Croiſſans peuuent eſtre chargez de meſme que *Facez, Pallez, Bandez, Eſchiquetez, &c.*

Des Eſtoiles.

L'Eſtoile qui ſe void dans les Armoiries a, pour l'ordinaire cinq rayons ou pointes, iamais moins & quelque fois plus, auquel cas il en faut exprimer le nombre.

Ainſi au Blaſon des Armes de Baulx, on dit

on dit *De Gueules à l'Estoile à seize rays d'Argent.*

L'Estoile peut estre chargée de quelque autre meuble: comme par exemple, Motafié dont feuë Madame la Comtesse de Soissons porte *D'Argent à l'Estoile de Gueules chargée d'vn Croissant contourné d'Or.*

Des Molettes.

A cause de la ressemblance des Molettes d'esperon auec les Estoiles, i'ay trouué à propos d'en parler en cét endroit.

La Molette a tousiours esté considerable en Armoiries, comme vne marque de Noblesse & de Cheualerie, d'où est venu l'ancien prouerbe *Vilain ne sçait ce que valent Esperons.*

Elle ne differe de l'Estoile qu'en ce qu'elle est percée au milieu, comme vous pourrez auoir remarqué aux Armes de Bellangreuille Blasonnée en la ſeconde partie de ce traicté page 68.

Arc-en-Ciel.

Il eſt aſſez rare, il ſe met ordinairement de la meſme façon & couleurs qu'il eſt veu & eſt dit *au naturel.*

Ainſi CLARET dont vn Cheualier de Malte mort pour la foy l'an portoit *D'Azur à l'Arc-en-Ciel au naturel mis à l'endroit de la Face ſurmonté de trois eſtoiles d'Or.*

Nuë.

Les *Nuës* & *Nuages* ſe mettent en Armoiries, quoy que ce ſoit aſſez rarement elles n'ont rien de particulier.

CHALVDET. D'Or au Lyon de Gueules au Franc-Canton d'vn *Nuage* d'Azur Chargé d'vne Eſtoile d'Or.

Monde.

De Monde, ſe figure comme vne boule facée, au ſommet de laquelle il ſe void vne croiſette.

Il s'en trouue la moitié d'vn aux Armes de Voisins qui est à present La Maison de Gelas qui porte *D'Azur à vn demy Monde d'Or. Party d'Or à vne Lozange & demye de Gueules.*

Des Elemens & leurs dependances.

La TERRE ne se void iamais en sa figure naturelle.

Trop mieux les Montagnes, Collines, Terrasses, Rochers ou Roches & Rochettes dont le Blason est tres-facile.

Leur place dans l'Escu est ordinairement en pointe, si ce n'estoit qu'il y en eust d'autres en Chef.

Lors qu'on vse de se mot *Roc*, il faut entendre que ce sont *Rochs, d'Eschiquier*, pareils à ceux dont on joüe aux Eschets, il s'en void aux Armes de Roquelaure, qui porte *D'Azur à trois Rocs d'Argent 2. & 1. escartelé d'Argent, à deux Va-*

ches de Gueules acornées, acollées & Clarinées d'Azur au Chef d'Azur, charchargé de trois estoiles d'Or. Sur le tout d'Azur au Lyon d'Or.

Et aux Armes de Liuron de Bourbonne, qui porte *D'Argent à trois Faces de Gueules au Franc-Canton d'Argent chargé d'vn Roc de Gueules.*

L'EAV ne se void gueres comme elle est naturellement. Le Blason des Armes qui suiuent donneront la connoissance des termes de Blason de ce qui concerne cét Element.

Eaux.

LABISTRADE. De Synople au Chasteau d'Argent sommé de trois Tours & planté dans des *eauës* de mesme.

Riuiere.

PONTAC. De Gueules au Pont chargé de deux Tours d'Argent sur vne *Riuiere* de mesme.

Viuiers.

VIVIERS LA BRANSINIERE. D'Argent.

gent à trois *Viuiers* ou Reſeruoirs de Synople remplis d'eau d'Azur 2 & 1.

Ondes.

LA PAVSE. D'Azur à l'Arche de Noé ſur des *Ondes* d'Argent en pointe, ſurmontée d'vne Colombe d'Or portant au bec vn rameau de Synople.

LA VILLE DE PARIS. De Gueules à la Nef voilée & equippée d'Argent, voguant ſur des *Ondes* de meſme, au Chef couſu ſemé de France.

L'AIR eſtant vn Element qui ne tombe point ſous le ſens de la veuë, n'a point de lieu en ce Traicté.

LE FEV & autres choſes qui appartiennent à cét Element, ſe Blaſonnent par les termes deduits au Blaſon des Armes qui ſuiuent.

Feu.

D'ESCVRES. D'Azur à deux Cheurons d'Or, acompagnez de deux eſtoiles de meſme en Chef & d'vn Croiſſant montant d'Argent en pointe, ſurmonté vn *Feu* de Gueules paſſant entre les deux Cheurons, & brochant ſur celuy du Chef.

Flames.

ARDIER. D'Azur au Cheuron d'Argent acompagné de trois *Flames* d'Or.

Charbons ardens.

CHARBONNIERES LA CAPELLE-BIRON. D'Argent semé de *Charbons ardens* de Gueules, à trois Bandes d'Azur.

Pals flamboyans.

TERMES d'Azur à trois demy *Pals flamboyans* d'Argent sortans du pied de l'Escu.

Ces Armes se Blasonnent aussi de cette sorte. *Coupé, Emmanché en ondes, d'Azur & d'Argent.*

Des figures Humaines & de leurs parties.

Les Saincts Hommes, Femmes, Enfans, Mores, & autres figures humaines qui se voyent en Armoiries sont des Metal ou Couleur, ou *de Carnation,* qui eſt de la Couleur propre de leur chair.

Ils ſont de front ou de Porfil, auquel cas ſeulement, on adjouſte ce mot *de Porfil.*

Les Teſtes de Mores ſont touſiours de Sable & de Porfil.

Cette Bandelette qui leur ceint la teſte eſt appellée Tortil, & on dit *A la teste de More tortillée* ou au *tortil de, &c.*

Bus, c'eſt la teſte, le col & vne partie de la Poitrine finiſſant en pointe.

Les Bras droits ſont dits ſimplement *Bras* & ſi c'eſt *le gauche*, on le doit ſpecifier.

Aux mains de meſme, ſi les doigts ſont en bas on dit *renuerſée.*

La Foy, ſont deux mains droites jointes & miſes l'vne dans l'autre.

Voicy des exemples de tout ce que deſſus.

Sauuage

Ligues Grises. D'Argent Party d'Or au *Sauuage* de Carnation à la masse leuée d'Or.

Bus de Religieux.

MANCHAW. D'Argent au *Bus de Religieux*, de Porfil de Sable.

Bus de femme.

SALA. De Sable au *Bus de Femme* couronné d'Or.

De Reyne.

GRAMMONT BOVRGVIGNON. D'Azur à trois *Bus de Reynes* d'Argent couronnées d'Or à l'antique.

Quand la figure est veuë *à demy Corps* on dit *Demy Femme*.

POLING. D'Or à *la demye Femme* sans bras & aux cheueux espars de Gueules.

Testes

Testes de Mores.

MONTESPAN PARDAILLAN DE GONDRIN. Escartelé, au premier d'Or au Chasteau de Gueules sommé de trois *Testes de More* de Sable tortillées d'Argent, qui est du Royaume des Algarues. Au 2. & 3. d'Argent à trois Faces ondées d'Azur, qui est de Mombos. Au dernier d'Or à trois Tourteaux de Gueules 2. & 1. senestrez d'vne Chef de mesme en Pal, qui est d'Antain. Sur le tout d'Argent au Lyon de Gueules à l'Orle de 7. Ecussons de Synople, qui est de Pardaillan.

Testes d'Hommes.

LOCHERAN. D'Azur à trois *Testes d'Hommes*, d'Argent couuertes de Chapeaux de mesme.

De Filles.

LE GENDRE. D'Azur à la Face d'Argent acompagnée de trois *Testes de Filles* aux Cheueux espats d'Or.

Nymphes.

LA VERONNE. D'Argent au Chef de Sable à la Bordure de Gueules, Escartelé d'Azur à deux *Nymphes* d'Argent soustenant vne fleur de lys d'Or couronnée de mesme.

Bras.

VILLIERS L'ISLE-ADAM. D'Or au Chef d'Azur chargé d'vn *Bras droit* (par les aucuns *D'extrochere*) d'Hermines, reueſtu d'vn Fanon de meſme pendant ſur l'Or.

Mains.

POTIER. D'Azur à deux *Mains* d'Or au Franc-canton eſchiqueté d'Argent & de Gueules.

Mains gauches.

DE RACINES. De Gueules à trois *Mains gauches* d'Argent.

Mains renuerſées.

DV MESNIL SIMON. D'Argent à ſix *Mains* renuerſées de Gueules 3. 2. 1.

Foy.

DE VIC. De Gueules à la *Foy* d'Argent miſe en Face ſurmontée d'vn Ecuſſon d'Azur à la fleur de lys d'Or.

Cœur.

PICHERY DONADIEV. D'Azur au

Bras d'Argent ſortant d'vne nuë de meſme mouuant du coſté gauche de l'Eſcu, tenant vn cœur de Gueules acompagné de deux eſtoiles d'Or en Chef.

Des Edifices, Inſtrumens de Guerre, Chaſſe, Nauigation, Veſtemens & autres Meubles qui ſe voyent en Armoiries.

Les Tours ſont les vnes *Rondes* ou *Quarrées*, ce qu'il faut ſpecifier.

De meſme *couuertes*, lors qu'elles ont quelque Dôme ou Chapiteau. *Crenellées* ayant des Creneaux dont les plus exacts expriment le nombre.

Les Tours Couuertes peuuent auoir quelque giroüettes, qu'on dit *Giroüettée* de tant de *Panonceaux*.

La Tour ſur laquelle il ſe void vne autre Tour, eſt dite *ſommée d'vne autre Tour* & ſi ſur cette ſeconde il en paroiſt vne troiſieſme, on dit *rehauſſée*.

Ainſi Montaigu Fromigeres, porte

De Gueules à la Tour d'Argent rehaussée de deux autres de mesme.

Mais le veritable nom de cette troisiesme Tour est *Donjon* & aux Armes de Montaigu on doit dire *De Gueules à la Tour sommée vne autre Tour d'Argent Donjonnée d'vn autre de mesme.*

Quelques vns vsent de ce terme *Double Tour* au lieu de dire *à la Tour sommée d'vne autre.*

Ainsi qu'au premier & dernier quartier des Armes d'Ornano Blasonnées par Le Feron en son Catalogue des Chanceliers de France sur la fin, en cette sorte *D'Argent à la double Tour d'Or*, qui seroient *Armes fausses*: Le vray Blason desquels est *De Gueules à la Tour d'Or sommée d'vne autre Tour de mesme.*

Les Chasteaux sont composez du moins de deux Tours & d'vn logement au milieu, à cela pres, ils ont toutes leurs differences communes auec la Tour. Ceux dont il ne paroist que la partie d'en d'en haut & dont celle d'embas ſemble coupée, ſont dits *Fondus.*

Les *Murailles* ou *Murs* qui tiennent toute la largeur de l'Eſcu, ſont dits ſimplemens *Murs*, & lors qu'il n'en occupent qu'vne partie, on dit *Pan de Mur.*

Quand ils ſont *Crenelez* on le ſpecifie, meſme le nombre *Creneaux.*

Tous edifices tant ceux cy-deſſus expoſez qu'autres, ſont dits *Maçonnez* pour denoter l'Eſmail differend des liaiſons des pierres dont ils ſont conſtruits.

Eſtans dans l'eau, on les dit *Plantez* comme eſt dit cy-deuant au Blaſon des Armes de LABISTRADE, page 168.

Souſtenus lors qu'ils ſont poſez ſur quelque piece deſſous.

Voicy le Blaſon de quelques Armes dans leſquelles ces termes & differences ſe rencontrent.

Tour.

LA TOVR DE TVRENNE. De Gueules semé de fleurs de lys d'Or à la *Tour* d'Argent maçonnée de Sable.

ASNIERE LORIEL. D'Azur à la *Tour* & pan de Mur d'Argent maçonnez de Sable.

Tournelle.

LA TOVRNELLE. D'Or à cinq *Tournelles* d'Azur mise en Sautoir.

Tourettes.

GORDES DE SIMIANE. D'Or semé de *Tourettes* & de fleurs de lys d'Azur.

Chasteaux.

CASTILLE ROYAVME. De Gueules au *Chasteau* d'Or sommé de trois Tours de mesme.

CASTILLE VILLE MAREVIL. De mesme.

CHASTELAIN. D'Azur au *Chasteau* d'Argent Giroüeté de trois panonçeaux de mesme.

AVBIGNY POICTEVIN. D'Azur à trois *Chasteaux* fondus d'Or.

CRAPPONE DE SALLON. D'Or au *Chasteau* de deux Tours inesgalles separées d'vn entre-Mur crenelé & mis en bande le tout de Sable, surmonté d'vn Aigle *fondant* * de mesme.

Demy-Chasteau.

CHASTEAV-NEVF MOLEGES. D'Azur au *demy-Chasteau* d'Argent.

Chaisnette. *

SVBLET DE NOYERS. D'Azur à la *Chaisnette* de Mur d'Or maçonnée de Sable chargée d'vn Pal de mesme.

Des Armes défensiues & offensiues.

Les Habillemens de Teste sont nommez diuersement.

Ceux qui se voyent sur l'Escu & qui seruent d'ornement exterieur, se nomment, *Tymbres* desquels sera parlé à la fin de cette Partie.

Les autres qui sont dedans l'Escu & qui chargent ou acompagnent les pie-

* Fõdãt, c'est à dire, qui semble s'abatre & fondre en bas.

* Chaisnette, jambage de pierre de taille qui se met dãs les murs de distãce & autre pour les fortifier.

ces d'iceluy ſont, *Caſques, Morions à l'Antique, Salades, Bourguignottes* & quelques autres qui ſe Blaſonneront facilement par la denotation de leur eſmail, nombre & ſcituation.

Ceux qui ont des Creſtes de Metal, ou Couleur differente, ſont dits *Creſtez de, &c.*

Si au lieu de Creſte il ſe void quelque Animal comme vn Serpent, vn Chien ou autre ſemblable, on dit *ſommé d'vn tel animal*, dont les differences ſont expliquées cy-deſſus.

Les *Cottes d'Armes* & *Gantelets* n'ont rien de particulier.

ESPE'ES ont toutes ces differences à obſeruer *Nuës, au fourreau, la pointe en haut* ou *en bas, garnies, de tel, &c.* c'eſt ayant la garde & la poignée de, &c.

Quelques Anciens ſe ſont ſeruis de ces mots *embellie & parée.*

Les Cymeterres ſont Coutelas à l'Antique, & ſe Blaſonnent comme les Eſpées.

Leur

Leur diſpoſition eſt en *Pal, Face, Croix, Sautoir, Bande, &c.*

Leurs fourreaux ſont dits *Virolez, enchez, & riuez*, pour exprimer la diuerſité d'eſmail de leur garniture.

Leurs Bouts ſeuls ſe nomment *Bouterolles d'Eſpée.*

Les *Lances* ont quelquefois des Guidons, ce qu'il faut ſpecifier.

Au reſte, elles ont leur Blaſon commun auec les *Piques, Dars & Iauelots* qui ſe peuuent mettre en meſme diſpoſition que les Eſpées.

Ils ſe mettent auſſi en *Frettes* lors qu'elles ſe voyent enlacées, comme les baſtons du *Fretté* cy deſſus page 79

Les Haches, Hallebardes, Parthiſanes, Eſpieux & autres Armes ſemblables, ayant la Hampe de Couleur ou Metal differend du fer, ſont dites *Emmanchées.*

Affrontées & adoſſées ſont des termes expliquez.

Les *Haches ſans manche*, ſe nomment

par aucuns *Dolloüeres*, & celles qui ont le manche courbé en rond *Haches Danoises.*

Le Blason des autres pieces qui seruent au Caualier ou à son Cheual, comme, *Selles*, *Esperons*, *Estriers*, *Morailles*, *Fermaux*, *Fers à Cheual*, & autres semblables n'ont pas besoin d'vne explication particuliere.

Les Armoiries cy-apres Blasonnées seruiront d'exemple de tout ce qui a esté dit de ces Armeures.

Casque.

Voyez les Armes de Valée page 159

Bourguignottes.

BOVRGVIGNON CHASTEAV GONTHIER. D'Azur à trois *Bourguignottes* en Porfil d'Argent.

Gantelets.

MESLE. De Gueules à trois *Gantelets* d'Hermines.

Espées.

MARBEVF. D'Azur à deux *Espées* nuës d'Argent garnies d'Or mises en Sautoir la pointe en bas.

Lances.

BARONNAT. D'Or à trois *Lances* auec leurs Guidons d'Azur au Chef de Gueules chargé d'vn Lyon Leopardé d'Argent.

VILLENEVFVE D'AST. De Gueules à six *Lances frettées* ou *mises en Frettes* d'Or, entre-semé d'Ecussons d'Argent sur le tout vn Ecusson d'Azur à la Fleur de lys d'Or.

Fers de Piques.

FRADET S. AOVST. D'Or à trois *Fers de Pique* de Sable 2 & 1. la pointe en haut.

Haches.

MISSIRIEN. D'Argent au Chesne de Synople englanté d'Or au Canton de Gueules chargé de deux *Haches* adossées d'Argent.

Doloueres.

CROY RENTY. D'Argent à trois Faces de Gueules escartelé d'Argent à trois *Dolloueres* de

Gueules 2 en Chef adossées à l'autre en pointe.

Dars.

D'ASTE. De Gueules à 3 *Darls* ou *Iauolots* d'Or mis en Pal la pointe en bas.

Pointes.

MALISSY, D'Azur à trois *pointes* d'Argent issantes du Chef & aboutissantes au centre de l'Escu.

Ecussons.

CHARNY. De Gueules à trois *Ecussons* d'Argent.

Fers de Cheual.

MONTFERRIER. D'Or à trois *Fers de Cheual* de Gueules cloüez d'Or.

Estriers.

GENETVRES. D'Argent à l'Escusson d'Azur chargé en Chef d'vn Estrier d'Or.

Morail-

Morailles.

MOREILLES. D'Azur à ſix *Morailles* d'Or liées d'Argent.

Fermaux.

VALEE FOSSEZ. De Gueules à trois boucles ou *Fermaux* d'Argent.

Ces *Fermaux* ſont boucles auec vn ardillon, telles qu'on les void aux Ceintures, Baudriers & autres choſes ſemblables.

Leur figure eſt ronde, ſi elle eſt autrement on le ſpecifie. Ainſi KERSAVSON EN BRETAGNE porte de Gueules au *Fermail en Lozange.* d'Argent.

Anneaux ou *Annelets.*

SERNY. De Sable à trois *Annelets* d'Argent.

Chauſſe-trapes.

DESTRAPPES. D'Argent au Cheuron de Gueules acompagné de trois chauſſes* trappes de Sable 2 & 1.

* *Petite piece de fer ayant quatre pointes diſpoſées en ſorte qu'il y en a touſiours trois à terre & vne en haut, ſeruans à jetter en retraitte deuant l'ennemy qui pourſuit.*

Instrumens de Chasse.

Il y a fort peu de ces Instrumens qui ne se trouuent en Armoiries, de tous lesquels ie n'ay pas dessein de traitter icy, mais seulement des principaux & plus vsitez, suiuant le Blason desquels, il sera facile de Blasonner tous les autres.

Les Cors de chasse *Trompes & Huchets* ne different que de leur figure & grandeur, ayans, au reste, toutes ces differences communes.

Virollez, .1. ayant la virolle qui se void à leurs extremitez.

Liez, la couleur du pendant.

Enguichez, est vn vieux terme qui denote l'esmail particulier du bout par lequel on les embouche.

LA GVESLE. D'Or au Cheuron de Gueules acompagné de trois *Trompes* de Sable virollées d'Argent liées de Gueules.

Des Nauires.

Aux *Nauires* autrement appellez *Nefs* on vſe de ce terme, *Habillez* ou *equipez* pour denoter qu'il eſt acompagné de tout ſon attirail, comme de mats, cordages & voiles.

Lors que les Mats ſont ſans voiles, on dit *Au Mats deſarmé.*

Les *Voiles* qui ſe rencontrent ſeparément & enflées, ſont appellées *Voiles en poupe.*

Les Anchres peuuent auoir le *Trabs* la *Stangue* & les *Gumenes* d'eſmail different, ce qu'il faut obſeruer.

Trabs, c'eſt le bois.

Stangue, eſt la tige ou piece du milieu.

Les *Gomenes* ou *Gumenes*, ſont les *Chables* ou *Cordes* dont elles ſont liées.

Voicy quelques exemples en la page ſuiuante.

Nef.

LA NAVVE. D'Or à la *Nef* equipée d'Or, ses trois Mats surmontez de trois estoiles de mesme.

Voiles.

LES BOCHES DE VERS. De Gueules à trois *Voiles* d'Argent 2 & 1.

Anchres.

VAILLANT DE GVELIS ORLEANNOIS. D'Azur à *L'Anchre* d'Argent son Trabs de Sable acompagnée de deux molettes d'Or en Chef.

Des Vstenciles.

Sous ce mot *d'Vstenciles* sont compris tous outils & instrumens d'Arts & Mestiers, Vestemẽs & autres menus Meubles seruans au trauail & recreation de l'homme, dont le Blason s'apprendra facilement par l'vsage, & obseruant tousiours le nombre, couleur & scituation d'icelles.

ADDI-

ADDITION.
Des Brisures & de quelque Ornemens exterieurs de l'Escu.

DES BRISVRES.

Les Chefs des Maisons Nobles, portent seuls les Armes plaines, & pour ce sujet, ils sont appellez *Chefs du nom & Armes*

Les Puisnez & leurs descendans, portent bien les Armes & le nom, mais auec distinction quand aux Armes, qu'ils brisent diuersement & la plus-part selon qu'il leur plaist.

Les Fils de France & les Princes en descendans, portent tous *De France*. Pour les Brisures on y obserue cet ordre.

L'AISNE', qui est appellé DAVPHIN, escartelle les Armes de France, de celles de Dauphiné cy-dessus peintes page 149

Le ſecond Fils de France, a pour Apanage la Duché D'ORLEANS, & porte *De France Briſé d'vn Lambel de trois pendans d'Argent.*

Le troiſieſme, *De France à la Bordure de Gueules*, qui eſt D'ANJOV.

Le quatrieſme, D'ALENÇON, qui eſt *De France à la Bordure de Gueules Bezantée d'Argent de huit pieces*, autrement *chargée de huit Bezans d'Argent.*

Le cinquieſme, *De France à la Bordure engreſlée de Gueules*, qui eſt de BERRY.

Le ſixieſme, de BOVRBONNOIS ET MONTPENSIER, qui eſt *De France au Baſton de Gueules mis en bande & brochant ſur le tout.*

Le ſeptieſme, D'EVREVX, qui eſt, *De France au Baſton Componé d'Argent & de Gueules brochant ſur le tout.*

Il y auoit encores anciennement d'autres Briſures ſur les *Plaines* de France, comme le *Lambel de Gueules à trois pendans, chacun d'iceux chargé de trois Chaſteaux*

(par les anciens *Chastelé*) *d'Or*, qui estoit D'ARTHOIS.

Le *Lambel d'Argent de 3 pieces chacune chargée d'vn Croissant de Gueules*, qui estoit ANGOVLESME ancien.

Le Franc-canton de Gueules, qui est de THOÜARS, &c.

Les *Brisures* de ce temps sont plus racourcies, & le Baston (qui anciennement brochoit sur le tout) se met fort petit & estroit, comme il se peut voir par les Armes des Princes du Sang d'apresent, qui sont assez connuës.

Aux Fils Naturels de France, le Baston se met en Barre.

Les pieces dont on se sert communement pour Brisures des autres Armes de ce Royaume, & d'ailleurs apres le *Lambel*, la *Bordure* & le *Baston*, sont le *Franc-canton*, la *Molette*, les *Croissans*, les *Estoiles*, les *Bezans* & generalement toutes les autres pieces qui diuersifient les Armes plaines.

DES COVRONNES.

I'ay trouué à propos d'adjouster icy les Couronnes qui se mettent sur les Escus des Princes & Seigneurs, pour en connoistre la difference.

La Couronne des Roys de France est toute de Fleurs de Lys fermée d'arcs-boutans, & sommée d'vne double Fleurs de Lys, comme vous la voyez icy figurée.

COVRONNE ROYALE.

La Couronne des Princes, est pareillement toute de Fleurs de Lys, mais ouuer-

ouuerte ainſi que vous la voyez icy depeinte.

Celle des Princes du Sang, eſt compoſée de deux demye Fleurs de Lys & d'vne au milieu, acoſtée de deux Fleurons.

La Couronne que portent les Ducs & leurs deſcendans, eſt toute de Fleurons. Voicy ſa figure.

COVRONNE DVCALE.

Celle des Marquis, eſt compoſée d'vn Fleuron & deux demy, le reſte eſt de perles, en cette ſorte.

COVRONNE DE MARQVIS.

Les Comtes, la portent toute de Perles, telle qu'en la figure suiuante.

COVRONNE COMTALE.

Les Vicomtes, prennent le cercle auec trois perles disposées ainsi.

COVRONNE DE VICOMTE.

Le Tortil perlé, est pour les Barons, & se figure de plusieurs sortes, dont voicy la plus ordinaire.

TORTIL.

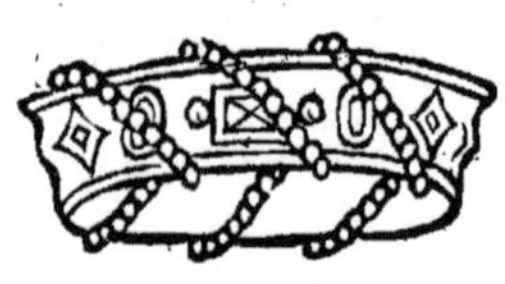

DES TYMBRES.

Les Habillemens de teſte qui ſe poſent ſur l'Eſcu ſont nommez en terme de Blaſon *Tymbres*.

Leur differences conſiſtent en leur matiere & leur diſpoſition.

Leur matiere eſt de l'Eſmail qu'on leur donne ſelon l'etoffe dont ils ſont faits, qui eſt d'Or pur, d'Acier poly enrichy d'Or, & d'Acier ſimplement.

Leur diſpoſition eſt remarquable en ce qu'ils ſe voyent *De front de trois quartiers & de Porfil.*

On eſtoit anciennement fort religieux & exact au comportement de ces Tymbres, & chacun les portoit ſelon ſa qualité Ce qui s'obſerue encore en Allemagne & ailleurs.

En France, la liberté fait qu'on en en vſe auec moins de circonſpection.

Ce n'eſt pas mon deſſein d'obſeruer exactement l'ordre qui ſe tient ou doit tenir ſuiuant les degrez de digni-té des perſonnes qui portent ces or-nemens, mais ſeulement de montrer leur figure & les termes dont on ſe ſert pour en exprimer la difference.

Le Timbre de front & ouuert, eſt celuy que les Roys, Princes ſouuerains, Chefs d'Eſtats & Republiques mettent ſur leurs Armes & eſtoit d'Or tout pur: Vous voyez icy ſa figure.

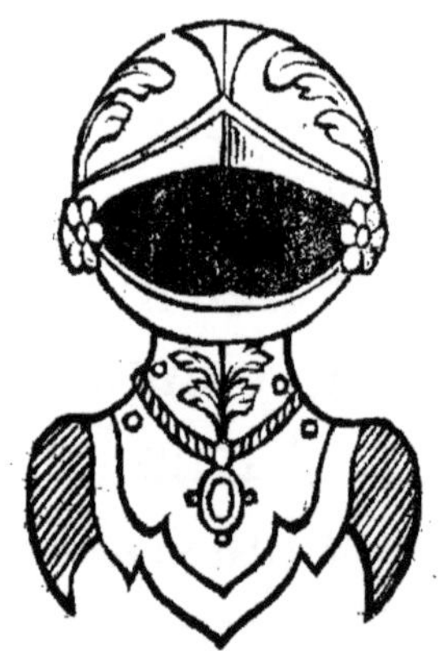

Tymbre de front ouuert.

Celuy-cy eſt pareillement de front, mais

mais fermé de grilles auec des ouuertures, dont on ſpecifioit anciennement le nombre, & ſe portoit par ceux qui auoient commandement general ou iuriſdiction ſouueraine ſous les Roys, ou Principautez independantes, & par cette raiſon, les Preſidens & Chefs de Cours ſouueraines ſe l'attribuent auec raiſon, de meſme que les Gouuerneurs & Lieutenans Generaux des Prouinces & Villes conſiderables, le fond d'Acier enrichy d'Or, en cette ſorte.

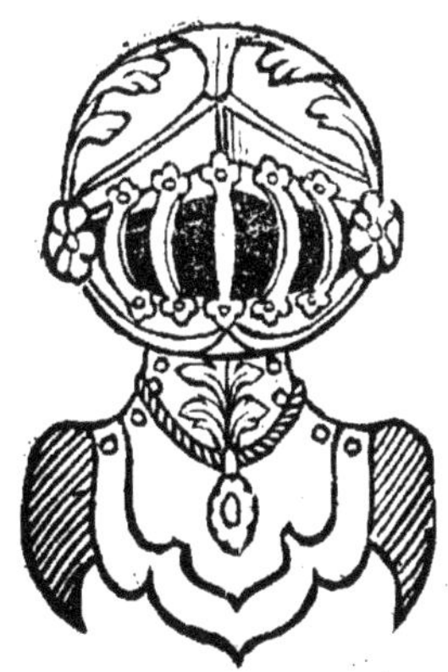

Autre Tymbre de front fermé de grilles.

Le Tymbre ſuiuant eſt dit *de trois quar-*

tiers & pareil au precedent pour l'enrichiſſement, les Gentilshommes dont la Nobleſſe eſt auerée & ancienne, les Chefs & Capitaines ſeruans actuellement ou ayant ſeruy vn temps conſiderable, & les Conſeillers des Compagnies ſouueraines le portent ainſi qu'il eſt cy-deſſous.

Tymbre de trois quartiers grillé.

Le Tymbre d'Acier poly de Porfil & fermé eſt pour les Gentilshommes nouuellement anoblis. Tous officiers de Iudicature & autres qui prennent la qualité de Noble homme, les Officiers Commensaux de la maison du Roy & autres de ce rang, ont droit de le mettre sur leurs Armes pendant qu'ils sont en charge, ou qu'ils ont acquis par vn seruice de vingt ans le tître d'ancien Officier & veteran. Voicy sa figure.

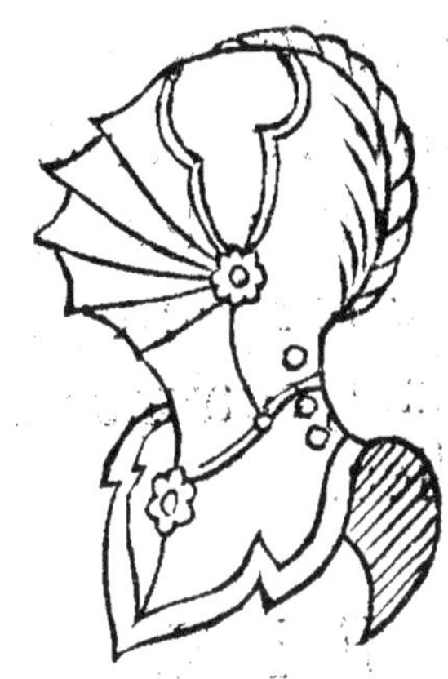

Tymbre de Porfil fermé.

Les fils naturels le portent tourné à gauche qu'on dit *Contourné.*

Les Rainceaux & Pēnaches dont on acompagne les Tymbres se nomment

Lambrequins, qui ſont pour l'ordinaire de la Couleur & Metal du champ de l'Eſcu & des pieces y contenuës. Et cette façon de les colorer ſe nomment *Hachemens*, comme il ſera dit en la Table ſur le mot *Hachement*.

Ce qui ſe void ſur les Tymbres ſoit animal ou autre piece ſe nomme *Cimier*.

Les *Supports* ſont les figures humaines, ou animaux qui acoſtent & ſupportent l'Eſcu dont les differences ſe blaſonnent de meſme que les pieces qui ſont dedans, comme il a eſté monſtré en ſon lieu.

FIN.

TABLE

DES MAISONS DONT LES ARMES sont Blazonnées en ce present Liure.

TABLE.

Leau-

TABLE.

Est à notter qu'il y a faute au chiffre des pages, l'Imprimeur ayant mis apres 187, *les chiffres*, 170, 171, 172, *&c. jusques à* 182, *au lieu de mettre* 179, 180, *&c. jusques* 192. *A quoy il plaira au Lecteur de prendre garde, afin que dans les renuoys de la Table ce qui ne trouuera pas au premier chiffre, il le cherche au second.*

FIN.

www.ingramcontent.com/pod-product-compliance
Ingram Content Group UK Ltd.
Pitfield, Milton Keynes, MK11 3LW, UK
UKHW020549180726
13838UKWH00001B/133